IVAN VANDOR

Die Musik des tibetischen Buddhismus

Aus dem Französischen
von Wilfried Sczepan

Heinrichshofen's Verlag
Wilhelmshaven

CIP-Kurztitelaufnahme der Deutschen Bibliothek

Vandor, Ivan
Die Musik des tibetischen Buddhismus. – Wilhelmshaven: Heinrichshofen, 1978.
(Taschenbücher zur Musikwissenschaft; 48)
ISBN 3--7959-0246-0

Gesamtherstellung: Heinrichshofen's Druck, Wilhelmshaven
Printed in Germany
ISBN 3-7959-0246-0
Bestellnummer: 12/246

Inhaltsverzeichnis

Vorwort

Der gegenwärtige Stand unserer Kenntnisse auf dem Gebiet der tibetischen Sakralmusik ist sehr gering und beruht lediglich auf einer begrenzten Zahl einschlägiger Abhandlungen.[1] Aus diesem Grunde sah sich der Autor

1. Vgl. besonders P. Crossley-Holland, "Tibetan Music", in E. Blom, Hrsg., *Grove's Dictionary of Music and Musicians*. London: MacMillan & Co. Ltd., 1954; Walter Kaufmann, *Tibetan Buddhist Chant*. Bloomington - London: Indiana University Press, 1975; Mireille Helffer, "Traditions musicales des Sa-skya-pa relatives au culte de Mgon-po", in Paris: *Journal Asiatique*, 1976; W. Graf, "Zur Ausführung der lamaistischen Gesangsnotation", in *Studia Musicologica*, III, 1–4, 1962; H. Smith - K. Stevens, "Unique Vocal Abilities of Certain Tibetan Lamas", in *American Anthropologist*, 69, 2, April 1967 und H. Smith - K. Stevens - R. Tomlinson, "On an Unusual Mode of Chanting by Certain Tibetan Lamas", *Journal of the Acoustical Society of America*, 41, 5, Mai 1967; P. Crossley-Holland, "The Religious Music of Tibet and its Cultural Background", in *Proceedings of the Centennial Workshop on Ethnomusicology*, Vancouver, Juni 1968; P. Crossley-Holland, "The Music of the Tantric Rituals of Gyume and Gyuto", Anmerkungen zur Schallplatte *Tibet*, Anthology AST-4005; P. Crossley-Holland, "rGya-Gling Hymns of the Karma-Kagyu: the Rhythmotonal Architecture of Some Tibetan Instrumental Airs", in *Selected Reports*, I, 3, Los Angeles: Institute of Ethnomusicology, UCLA, 1970; I. Vandor, "Röl-Mo: la musica religiosa tibetana", in *Lo Spettatore Musicale*, VII, 5, 1972; I. Vandor, "La notazione musicale strumentale del Buddismo tibetano", in *Nuova Rivista Musicale Italiana*, 3–4, 1973.

während seiner Untersuchungen über diese so einzigartige Musikkultur einer Fülle von Aufgaben gegenüber, die zwangsläufig Forschungsarbeiten auf zwei Ebenen, also solche allgemeiner und spezieller Art, umfassen mußten. Viele Einzelheiten bedürfen daher noch einer eingehenderen Untersuchung. Wenn man darüber hinaus die Tatsache berücksichtigt, daß die Musizierpraxis innerhalb bestimmter Grenzen von Kloster zu Kloster variieren kann, ist die Notwendigkeit weiterer Untersuchungen leicht einzusehen, und zwar sowohl was das Wesen der Musik selber betrifft als auch im Hinblick auf die recht unterschiedlichen Formen, die die Musik in den verschiedenen Klostergemeinschaften annahm. In der vorliegenden Abhandlung haben wir uns bemüht, zum ersten Mal einen allgemeinen und möglichst detaillierten Überblick über die rituelle tibetische Musik zu geben, von dem wir glauben, daß er als Ausgangspunkt für weitere Untersuchungen dienen kann.

Die meisten der in diesem Buch enthaltenen Informationen sind bisher nicht veröffentlicht und wurden im Himalaya-Gebiet gesammelt, zunächst in Nepal im Tal von Katmandu in Bodhanāth und Swayambhunāth und in der Ostregion Nr. 3 bei Tengboche (September 1971 bis Mai 1972) sowie anschließend in Nordindien im Gebiet von Himatschal Pradesch in Dalhousie und Dharamsāla (Januar bis März 1973). Die Forschungsarbeiten wurden vor allem in den Klöstern durchgeführt, doch profitierten sie auch von persönlichen Kontakten, die der Autor außerhalb der Klöster unterhielt. Im folgenden sind die nach Mönchsorden zusammengestellten Klöster aufgeführt, in denen der Autor sich aufgehalten bzw. gearbeitet hat:

Gelugpa-Orden: die Klöster von Ganden Chöpel Ling (Bodhanāth) und Pelgye Ling; die Klöster, deren Äbte der hochehrwürdige Serkong Rinpoche und der hochehrwürdige Thutop Rinpoche (Swayambhunāth) sind; das Kloster von Gyütö (Dalhousie); das Kloster von Namgye Tratshang, dem Seine Heiligkeit der Dalai Lama vorsteht, sowie das Kloster von Nechung (Dharamsāla).

Kagyüpa-Orden: das Kloster mit dem hochehrwürdigen Rinpoche an der Spitze (Bodhanāth) sowie das Kloster von Shedup Chökor Dargye Ling (Swayambhunāth), die beide Anhänger der *Karma*-Schule sind.

Sakyapa-Orden: das Kloster, dessen Abt der hochehrwürdige Khetsun Dubpa Wangpo Rinpoche (Bodhanāth) aus der *Ngorpa*-Tradition ist.

Ñingmapa-Orden: das Kloster, an dessen Spitze der ehrwürdige Abt Jangpo Rinpoche (Tengboche) steht.

Der Autor möchte auf diesem Wege allen Äbten, Lamas und Mönchen dieser Klöster danken, die ihm in so großzügiger Weise ihre Zeit für Unterricht, Interviews, Aufnahmesitzungen zur Verfügung stellten und ihm erlaubten, das Musikleben ihrer Religionsgemeinschaft völlig ungehindert zu beobachten. Darüber hinaus schuldet der Autor besonderen Dank Seiner Heiligkeit dem Dalai Lama für seine Erläuterungen zu Fragen der musikalischen Symbolik; dem hochehrwürdigen Thutop Rinpoche für seine Ausführungen zum gleichen Thema; dem hochehrwürdigen Khetsun Dubpa Wangpo und dem ehrwürdigen Phurbu Tshering für ihre Erläuterungen zu ästhetischen Fragen; dem *Geshe Lharampa* Jampel Sanghie für Informationen über die großen Klöster von Sera, Drepung und Ganden in Tibet sowie für seine unschätzbare Hilfe bei Übersetzungs- und Transliterationsproblemen; Mister W. G. Kundeling, dem Leiter des Council of the Cultural and Religious Affairs of H. H. the Dalai Lama für seine Unterstützung bei der Durchführung der Forschungsarbeiten; dem verehrungswürdigen Kesang Gyaltshen und dem verehrungswürdigen Tshultrim Zangpo aus dem Kloster von Gyüme für manche Erläuterungen zur Musizierpraxis dieses Klosters; Herrn Dondup Namgye vom Tibetan Refugee Welfare Office in Katmandu, einem ehemaligen Mönch des großen Klosters des Karma-Kagyüpa-Ordens in Pepung bei Darge in der osttibetischen Provinz Kham, für Auskünfte über dieses Kloster; dem JDR 3rd Fund für die Subventionierung der Expedition nach Nepal sowie Herrn Alain Daniélou und seinen Mitarbeitern im Internationalen Institut für vergleichende Musikstudien in Berlin und Venedig, ohne deren Interesse diese Arbeit wahrscheinlich nie erschienen wäre.

Auf den folgenden Seiten wird man gelegentlich Wiederholungen begegnen, für die wir uns im voraus entschuldigen möchten; sie sollten jedoch im Gesamtplan des Buches gesehen werden, das so angelegt ist, daß es dem fachlich nicht vorgebildeten Leser erspart bleibt, sich in allzu technische Aspekte der Musikwissenschaft einarbeiten zu müssen. Wir haben die spezielleren Teile am Ende des Bandes zusammengefaßt in dem Bestreben, auf diese Weise eine zweckmäßige Dokumentation vorzulegen, bei der die im Buch enthaltenen Informationen auf das Wesentliche reduziert sind. Aus dem gleichen Grunde wurde die Transkription der tibetischen Namen vereinfacht und soweit wie möglich der Aussprache angenähert. Der Fachmann findet jedoch am Ende des Buches ein Verzeichnis dieser Begriffe mit ihrer entsprechenden Transliteration.

Was die Aussprache der im Text vorkommenden tibetischen Begriffe anlangt, benutzen wir die von R. A. Stein in *La civilisation tibétaine* (Paris, Dunod, 1962, S. X und XI) angegebenen (und für den deutschen Leser zum Teil modifizierten) Vorschläge:

e langes geschlossennes e (wie in *Ehre*) bzw. langes offenes e (wie in *Ähre*);

u langes geschlossenes u (wie in *Fuß*);

ö und *ü* langes geschlossenes ö (wie in *Öl*) bzw. ü (wie in *früh*);

j wird wie im englischen Wort *journey* ausgesprochen;

ch tsch (wie in *Kutsche*);

ph ist ein stark aspiriertes p (kein f);

sh stimmloses sch (wie in *Schuh*);

zh stimmhafter Sch-Laut (wie in *Journal*);

th ist ein stark aspiriertes t;

ñ wird wie im Spanischen oder wie im französischen Wort *agneau* ausgesprochen;

ng wird etwa wie in *Enge* ausgesprochen.

Geschichtliche Entwicklung

Der Ursprung des tibetischen Volkes wird oft auf die nichtchinesischen *Ch'iang*-Stämme zurückgeführt, die etliche Jahrhunderte vor unserer Zeitrechnung im Osten und Nordosten von Zentralasien ansässig waren. Vom ethnischen Standpunkt besteht die heutige Bevölkerung Tibets aus einer Aneinanderreihung verschiedener Typen, unter denen die rein mongolischen Züge am auffälligsten sind. Die Umgangssprache gehört zur tibetisch-birmanischen Gruppe, doch gibt es eine Fülle unterschiedlicher Dialekte. Die kulturelle Tradition resultiert aus einer Verschmelzung von einheimischen Ausdrucksmitteln und fremden Elementen, wobei der religiöse Aspekt im Vordergrund steht[2]. Tibet profitiert von einer geographischen Lage, die der Bereicherung durch zahlreiche Kulturströmungen förderlich gewesen ist. Im Süden, Südosten und Westen war Tibet altindischen,

2. Zur Bibliographie im Hinblick auf die Gesamtheit der tibetischen Kultur und Religion vgl. besonders R. A. Stein, *La civilisation tibétaine*, Paris: Dunod, 1962; D. Snellgrove - H. Richardson, *A Cultural History of Tibet*. London: George Weidenfeld and Nicolson Ltd., 1968; G. Tucci, "Les religions du Tibet", in G. Tucci - W. Heissig, *Les religions du Tibet et de la Mongolie*. Paris: Payot, 1973.

iranischen und selbst griechischen Einflüssen ausgesetzt, während das Land im Norden mit türkisch-mongolischen Populationen, im Osten mit Elementen der chinesischen Kultur und schließlich im Süden wie im Nordwesten und Südosten mit Gebieten in Berührung kam, in denen die buddhistische Tradition bereits vorhanden war, wie z. B. mit Nepal, Khotan und Yunnan. Allerdings beruht die eigentümliche Form, die der Buddhismus in Tibet annahm, weniger auf den kulturellen Kontakten mit den letzterwähnten Gebieten als vielmehr auf dem Phänomen des religiösen Synkretismus, bei dem die indische Kultur eine vorherrschende Rolle gespielt hat.

Der tibetische Buddhismus gehört zum nördlichen Buddhismus bzw. zum Buddhismus des 'Großen Fahrzeugs' (Mahayana). Dennoch weist er Merkmale auf, die ihm allein eigen sind und ihn von jener Form des Buddhismus unterscheiden, die in den anderen Ländern Asiens verbreitet ist.

Die Sonderform des Buddhismus, die im 7. und 8. Jahrhundert unserer Zeitrechnung – vor allem aus Indien – nach Tibet gelangte, war bereits vom Tantrismus durchdrungen trotz der unterschiedlichen Schulen, denen die buddhistischen Lehrer, die sich auf den Weg ins "Schneeland" machten, angehörten. Der Tantrismus, eine Mischung aus magisch-mystischen Praktiken, bei denen verschiedene Yoga-Techniken zur Anwendung gelangen, war seinerseits an den altindischen Shivaismus gebunden. Als dieser Buddhismus nun in Tibet auftauchte, gab es im Lande bereits eine einheimische Religion, die als *Pön* bezeichnet wurde. Ihr lagen animistisch-magische Praktiken schamanistischer Provenienz zugrunde, die in verschiedenen Formen in einem riesigen Gebiet Zentralasiens verbreitet waren, das sich von den östlichen Grenzen des Iran bis nach China erstreckt. Die *Pön*-Religion stand wahrscheinlich in Zusammenhang mit dem Tantrismus. Während mit der Zeit buddhistische Elemente von der *Pön*-Religion aufgenommen wurden, drangen umgekehrt Aspekte des *Pön* in den Buddhismus ein, wo sie voll integriert wurden. Schließlich muß noch eine Art tibetischer Naturreligion erwähnt werden, die als "Menschenreligion" bezeichnet wird im Gegensatz zur *Pön*-Religion und zur buddhistischen Religion, die als "Religion der Götter"[3] bezeichnet werden. Diese "Menschenreligion", die die Bevölkerung mit Ortsgottheiten verband, lieferte dem neuen Kult ebenfalls bestimmte Elemente. So bilden Buddhismus, Tantrismus, Yoga, *Pön* und die "Menschenreligion" die wesentlichen Bestandteile des tibetischen Buddhismus.

Angesichts derart verschiedener Ursprünge, zu denen sich noch eine ziemlich bewegte politische und religiöse Geschichte gesellt einschließlich einer Verfolgung des Buddhismus im 9. und 10. Jahrhundert, ist es weiter nicht verwunderlich, daß sich unter der grundlegenden Homogenität der Lehre im einzelnen dennoch Unterschiede abzeichnen, die den vier Hauptorden – *Ñingmapa, Kagy'pa, Kakyapa* und *Gelugpa* – entsprechen, und innerhalb dieser Orden wiederum von Kloster zu Kloster abweichende Traditionen. Diese Unterschiede tun der Einheitlichkeit des Systems freilich keinen Abbruch, dessen Theorie sich von den indischen kanonischen Texten und deren Auslegung herleitet, während der eigentliche Kult auf der allen Mönchsorden gemeinsamen Persönlichkeit, dem Lama, beruht. Das Wort Lama bezeichnet einen geistlichen Lehrer; als solcher ist der Lama die Zentralfigur des tibetischen

3. Vgl. R. A. Stein, *op. cit.*, S. 159.

Buddhismus; seine Bedeutung für Lehre und Kult ist erheblich, denn die Tradition selber hängt von ihm ab, weshalb diese Religion bisweilen auch als Lamaismus bezeichnet wird. Seit dem Verschwinden des Lamaismus in der Mongolei und bei einigen mongolischen Völkerstämmen Rußlands, wo er sehr verbreitet war, seit der Annektierung Tibets durch China und seitdem der Dalai Lama, das geistliche und weltliche Oberhaupt des Landes, nach Indien floh und sich ihm Tausende von Tibetern anschlossen, wird diese Religion heute in den an Tibet angrenzenden Himalaya-Ländern praktiziert, in die sie bereits früher eingedrungen war, nämlich in Bhutan, in Sikkim, in der Gegend von Laddak und in einigen der nördlichsten Gebiete von Nepal.

Die tibetische Sakralmusik ist nicht weniger einzigartig als die in diesem Land herrschende Sonderform des Buddhismus. Ursprünge und Geschichte des Lamaismus sind noch nicht untersucht worden, so daß wir im Augenblick auf Vermutungen angewiesen sind.

Was die Vokalmusik betrifft, müssen von der Mitte des 7. bis zum Ende des 12. Jahrhunderts Elemente des indischen Buddhismus eingedrungen sein, zweifellos mit den zahlreichen indischen Lehrern, die das Land besuchten und sich bisweilen sogar dort niederließen, oder auch auf dem Weg über die vielen tibetischen Mönche, die aus Indien zurückkehrten, wo sie sich zwecks Vervollkommnung ihrer Studien aufgehalten hatten. So brachte beispielsweise der große Mönch Marpa, genannt der Übersetzer (1012–1096), aus Bengalen die mystischen Gesänge der tantrischen Dichter nach Tibet mit.[4] Der indische Einfluß muß sich mit einer bodenständigen Vokaltradition vermischt haben, die ebenfalls von dem

4. Ebd., S. 51.

tibetischen Buddhisten verwendet wurde: Marpa sang über Weisen, die man im tibetischen Epos *Gesar* wiederfindet, und der große Heilige und Dichter Milarepa (1040–1123) imitierte gelegentlich die rituellen Gesänge der *Pön*-Religion.[5]

Von den Musikinstrumenten sind in einem chinesischen Text, der aus der Zeit vor 640 n. Chr. stammen dürfte, lediglich die Muschelhörner und die Trommeln erwähnt.[6] Es ist also durchaus möglich, daß die übrigen Instrumente erst zu einem späteren Zeitpunkt eingeführt wurden. Die indische Herkunft des Muschelhorns wird nicht nur durch seinen marinen Ursprung belegt, sondern auch durch seine Signalfunktion in den buddhistischen Klöstern Indiens.[7]

Die Stieltrommel, deren Form an die Schamanentrommel erinnert, ist möglicherweise aus letzterer hervorgegangen und kann somit als einheimisches Instrument angesehen werden. Aus Indien, wo sie etwa im 7. Jahrhundert auftauchte, muß später die Glocke nach Tibet gelangt sein. Was die kleine Trommel mit Anschlagkügelchen, die *Damaru*, betrifft, deutet die allgemeine Anwendung ihres indischen Namens bereits auf ihren Ursprung hin. In der Biographie des großen Heiligen und Magiers Padmasambhava, dem die Tradition die Einführung des tantrischen Buddhismus etwa von der Mitte des 8. Jahrhunderts an zuschreibt – die Biographie hat einer seiner Schüler verfaßt –, ist dieses Instrument bereits erwähnt.[8] Die kleinen Becken *Tingsha*, die eben-

5. Ebd., S. 227 und 223.
6. Vgl. D. Snellgrove - H. Richardson, *op. cit.*, S. 29.
7. Vgl. C. Marcel-Dubois, *Les instruments de musique de l'Inde ancienne*. Paris: P.U.F., 1941, S. 15.
8. Vgl. W. Y. Evans-Wentz, Hrsg., *The Tibetan Book of the Great Liberation*, London: Oxford University Press, 1954, S. 132.

falls indischen Ursprungs sind, dürften über Khotan nach Tibet gelangt sein[9]; wahrscheinlich stammen auch die großen Becken aus der gleichen Gegend, wo sie durch die türkischen Stämme eingeführt worden waren. Zu Khotan – so weit war der buddhistische Einfluß Indiens bereits vorgedrungen – unterhielt Tibet in der Tat einen ständigen Kontakt. Freilich finden sich Becken, die dem tibetischen *Silñen* ähneln, auch in der fernöstlichen Welt. Die kurzen Knochentrompeten und die Trommeln aus zwei im Scheitel miteinander verbundenen menschlichen Hirnschalen können auf Grund ihres archaischen Charakters als einheimische Instrumente gelten, obwohl bestimmte rituelle Aspekte ihres Gebrauchs auch eine Beziehung zum tantrischen Indien erkennen lassen. Die Kurztrompete aus Metall ist möglicherweise eine Weiterentwicklung des entsprechenden Knocheninstruments, das gemäß der Überlieferung in der Tat aus einem ausgehöhlten Menschenknochen bestehen muß. Außerdem tragen diese beiden Instrumente den gleichen Namen; er bezeichnet eine aus einem hohlen Menschenknochen hergestellte Trompete. Die langen Trompeten können dagegen entweder auf Einflüsse der iranischen und islamischen Welt[10] zurückgeführt oder aber auch als einheimisch angesehen werden[11]. Dem späteren Auftauchen der Oboen liegt dagegen eindeutig islamischer Einfluß zugrunde, was auch durch die für dieses Instrument erforderliche Atemtechnik und die Art ihrer Erlernung bezeugt ist. Darüber hinaus scheint auch die Tatsache, das der musikalsiche Part dieser Instrumente bei den Aufführungen durch das Klosterorchester von den Stimmen des übrigen Instrumentalensembles überlagert

9. Vgl. C. Marcel-Dubois, *op. cit.*, S. 201.
10. Ebd., S. 201, Anmerkung 7.
11. Vgl. C. Sachs, *The History of Musical Instruments*. London: J. M. Dent & Sons Ltd., 1942, S. 210–211.

wird, ebenfalls darauf hinzuweisen, daß die Oboen als letzte Instrumente in das Ensemble aufgenommen wurden.

Was die Musik selber betrifft, ist die Möglichkeit, daß einige Musikformen des *Kagyüpa*-Ordens aus dem 12. Jahrhundert stammen, keinesfalls auszuschließen.[12] Die Überlieferung weist die Entstehung zahlreicher Zeremonien einschließlich der Musik berühmten geistlichen Oberhäuptern zu, wie beispielsweise dem Sakya Pandita (1182–1231) oder verlegt sie auch in die frühere Zeit der "Verborgenen Schätze" (*Terma*). Diese bestanden aus buddhistischen Texten, die man zur Zeit der ersten Verbreitung des Buddhismus versteckte, damit sie in späteren, günstigeren Epochen wiederentdeckt werden konnten. Nach der Überlieferung des *Ñingmapa*-Ordens stammt eine Reihe von Ritualen aus der Zeit der "Verborgenen Schätze". Es ist allerdings bekannt, daß letztere Interpolationen aus späterer Zeit enthalten und manche von ihnen nicht authentisch sind. Die erste große Woge ihrer Wiederentdeckung setzte im 14. Jahrhundert ein, also hundert Jahre ehe der Lamaismus, nach der Gründung des *Gelugpa*-Ordens (zu Beginn des 15. Jahrhunderts) durch Tsongkhapa, in Lehre und Ritual eine Form annimmt, die von nun an endgültig und unwandelbar sein wird, sofern es sich nicht um die spätere Schaffung neuer Zeremonien handelt, die jedoch strenggenommen bereits bestehende Vorbilder lediglich wiederaufgreifen. Ebenfalls aus dem 14. Jahrhundert datiert die von Butön geleistete grundlegende Arbeit einer Revision und Systematisierung der gesamten religiösen Literatur.

12. Vgl. C. Crossley-Holland, "rGya-Gling Hymns . . .", S. 105

Wir können also den hypothetischen Schluß ziehen, daß der Stil der tibetischen rituellen Musik, so wie er heute bekannt ist, zwischen dem 7. oder 8. und dem Beginn des 15. Jahrhunderts entstanden sein muß, und zwar auf der Grundlage einer früheren Überlieferung (Muschelhörner, Trommeln, Gesänge)[13] sowie durch das Zusammentreffen mehrerer Einflüsse (Einführung neuer Gesänge und Verwendung neuer Instrumente).

Bis zum 9. Jahrhundert scheint der vokale Aspekt der Musik vorherrschend gewesen zu sein; eine gelegentliche rhythmische Begleitfunktion dürften dabei vielleicht Schlaginstrumente, Muschelhörner und schließlich auch Kurztrompeten ausgeübt haben, die in die Zeremonien möglicherweise zur gleichen Zeit Eingang fanden wie die mit ihnen verknüpften Beschwörungs- und Exorzismusriten. In der Tat werden die Kurztrompeten mit einer Kategorie von Gottheiten in Verbindung gebracht, die als "Beschützer der Religion" bezeichnet werden und von denen ein Großteil aus vorbuddhistischen Gottheiten besteht, die schon ziemlich früh in das Pantheon des tibetischen Buddhismus gelangt sein müssen. Während der Zeit der Verfolgung des Buddhismus mußten Ritualhandlungen auf ein Minimum beschränkt bleiben, um so mehr, als sie nur von einzelnen, nicht aber von der Gesamtheit der Mönche praktiziert werden konnten. Als im 11. und 12. Jahrhundert die erneute Verbreitung des Buddhismus einsetzte, die mit der Gründung und dem Aufschwung der großen Klöster einherging, konnten die zeremoniellen Kollektivpraktiken

13. In dem Kloster, dessen Abt der hochehrwürdige Serkong Rinpoche ist und das sich auf eine große Reinheit der Tradition beruft, werden interessanterweise lediglich die Muschelhörner und die Schlaginstrumente verwendet.

wiederaufgenommen werden. Erst in der Folgezeit, etwa vom 12. Jahrhundert an, entstand wahrscheinlich das heutige Instrumentalensemble, dessen musikalische Stimmen ihre endgültige Ausformung im 14. und 15. Jahrhundert erhielten. Auf Grund ihres geographisch schwer zugänglichen Ursprungsgebietes entwickelte sich die tibetische Sakralmusik in relativer Abgeschiedenheit, d. h. auf einem in durchschnittlich 4000 Meter Höhe gelegenen Hochplateau mit einer Ausdehnung von annähernd 3800000 Quadratkilometern. Dadurch erklärt sich, wie diese Musik in ihrer Autonomie und im umfassenderen Kontext einer gewissenhaften religiösen Ausrichtung der traditionsgetreuen Bewahrung die ihr eigentümlichen Wesensmerkmale unangetastet zu erhalten vermochte. Diese Merkmale, die sich im engeren Sinne durch die Organisation der Musik, durch bestimmte Vokaltechniken, durch die verwendeten Musikinstrumente, durch ihre Symbolik wie auch dadurch äußern, daß ihnen die Funktion des Opfers, der an die Gottheiten gerichteten Aufforderung und des Exorzismus eignet, und die sich vielleicht noch viel unmittelbarer in der höchst bemerkenswerten Klangfarbe des Orchesters widerspiegeln, lassen die Musik als eine der ursprünglichsten Ausdrucksformen des gesamten asiatischen Kontinents erscheinen.

Definition

Bei einer Tradition, die derart von religiösen Inhalten erfüllt ist wie die tibetische – man hat behauptet, sie könne die Begriffe "Religion" und "Kultur" beinahe als Synonyme[14] verwenden –, ist es nicht immer leicht, eine präzise Abgrenzung des Ausdrucks "Sakralmusik" zu geben. Religiöse Elemente sind nämlich in hohem Maße in dem großen Nationalepos *Gesar* wie auch in dem weltlichen Theater *Ache Lhamo* enthalten, ganz zu schweigen vom Repertoire einer Kategorie von Wandermönchen, die keiner Religionsgemeinschaft mehr angehören, sondern isoliert leben, wie beispielsweise die Bettelmönche, die von Haus zu Haus ziehen und Gebete rezitieren.

Beiläufig sei hinzugefügt, daß selbst die Texte zahlreicher Volkslieder an unmittelbar religiös inspirierte Themen erinnern, zum Beispiel an die geistige Kraft, die von einem Heiligtum ausstrahlt, oder an die Weisheit eines berühmten Lamas. Was die Musik, die wir im eigentlichen Sinne als sakral oder religiös bezeichnen, charakterisiert, ist ihre rituelle Funktion. Diese Musik unterscheidet sich eindeutig von den anderen Musikkulturen des gleichen Kulturkreises durch die meisten der verwendeten Instrumente, ihre Vokaltechnik, die ihr zugrunde liegenden Gesetzmäßigkeiten sowie schließlich durch ihre Symbolik.

14. P. Pal, *The Art of Tibet*, New York: The Asia Society, 1969, S. 18.

Musikalische Betätigung

Der gesamte Tagesablauf einer Klostergemeinschaft zeichnet sich durch ein recht intensives Musikleben aus. In den Klöstern wird Musik hauptsächlich im Gebetssaal während der religiösen Zeremonien gespielt, aber bei bestimmten Riten auch bisweilen draußen im Klosterhof. Man musiziert, um die Mönche zum Gottesdienst zu rufen oder um das Zeichen für den Beginn der Meditation zu geben, die jeder Mönch mitunter in seiner eigenen Zelle praktizieren muß, oder auch, um ein Opfer darzubringen oder bestimmte Gottheiten zu bitten, die Klostergemeinschaft und alle lebendigen Wesen zu schützen. Im letzteren Fall wird auf der Terrasse des Klosters musiziert, die gleichzeitig das Dach darstellt. Gewisse meteorologische Riten, die heute so gut wie ungebräuchlich sind, wurden ebenfalls auf dem Dach des Klosters abgehalten, sooft sie unter Musikbegleitung stattfanden.

Außerhalb des Klosters wird in den Privathäusern musiziert, in die Mönche aus mannigfachen Gründen eingeladen werden, so bei Geburten, Hochzeiten, Sterbefällen oder sonstigen Ereignissen oder auch nur, um "Verdienste" (*Sönam*) zu erwerben, damit ihnen eine bessere Reinkarnation zuteil wird. Man musiziert ferner bei Prozessionen – beispielsweise solchen, die zum Ziel haben, einem Heiligtum eine neue geistige Kraft einzuflößen –, bei Leichenverbrennungen, bei Willkommensumzügen für hochstehende Besucher oder zur Begleitung der unter dem Namen *Cham* bekannten rituellen Maskentänze.

Rituale

Riten dürfen nur von Mönchen vorgenommen werden. Laien sind im einzelnen nicht mit den entsprechenden Techniken vertraut und nehmen im allgemeinen nur an besonders sehenswürdigen Zeremonien teil, die im Rahmen der großen religiösen Feste stattfinden und den Charakter ausgesprochener Volksfeste haben. Ferner kennen Laien nicht die rituellen Gebete und deren Reihenfolge sowie bestimmte Vokaltechniken. Die bei den religiösen Zeremonien verwendeten Instrumente weichen darüber hinaus von denen der weltlichen Musik ab und lassen sich gewöhnlich nur in den Klöstern erlernen. Die Ausbildung der Mönche kommt also strenggenommen einem religiösen Spezialstudium gleich.

Die Liturgie des tibetischen Buddhismus ist komplexer Natur, doch läßt sich zusammenfassend sagen, daß eine typische religiöse Zeremonie sich im allgemeinen in nachstehender Reihenfolge abspielt: Im Anschluß an verschiedene Vorbereitungen, bei denen der Wunsch nach Erleuchtung erneuert wird, und zwar nicht nur zum Wohle des einzelnen Mönches, sondern aller Menschen, wird die Gottheit, die man um die Leitung der Kulthandlung gebeten hatte, durch die Meditationen und Visionen der Mönche "wirklich" gegenwärtig gemacht; ihr werden dann Opfergaben dargebracht, darunter auch die Musik (*Chöröl*); schließlich werden der Gottheit Kultgegenstände geweiht, auch bittet man sie um ihren Beistand und gelegentlich um Gunstbeweise. Es folgt nun vielleicht die Beschwörung und Austreibung einer bestimmten Kategorie von verneinenden Geistern. Am Ende verabschiedet man sich von der Gottheit, indem man sich für die Fehler entschuldigt, die im Verlauf der Zeremonie möglicherweise begangen wurden, und sie mit der traditionellen glückverheißenden Formel (*Trashi*) grüßt. Oft werden die Kulthandlungen an ein und demselben Tag zweimal zelebriert, und zwar einmal in der Morgendämmerung und noch einmal am Nachmittag. Die Länge der Zeremonien ist von den Umständen abhängig und kann bei großen Anlässen mehrere Tage dauern. Ein und dieselbe Zeremonie kann ebenfalls recht erheblichen Veränderungen unterworfen sein.

Gewöhnlich finden die Zeremonien in einem besonderen Saal statt, wo die Mönche während der Riten in der traditionellen Meditationshaltung auf ziemlich niedrigen Bänken sitzen, die im allgemeinen in parallelen Reihen angeordnet sind. Die beiden mittleren Reihen liegen einander gegenüber und bilden so eine Art Kirchenschiff, das lotrecht zum Altar verläuft. Die Mönche, die in diesen Bankreihen keinen Platz mehr finden, bilden dahinter weitere Reihen, wobei sie in der Weise Platz nehmen, daß sie stets in Richtung auf den Mittelpunkt blicken. In den meisten Klöstern befinden sich am Ende der beiden Mittelreihen auf der Altarseite zwei oder drei Sitze, die wesentlich höher sind als die Bänke der Mönche und die für den Abt des Klosters, für den obersten Lama des Mönchsordens, zu dem das Kloster gehört, oder für den Dalai Lama persönlich reserviert sind. Die wichtigeren Lamas nehmen gewöhnlich in den beiden mittleren Reihen Platz. Der Mönch, der das Ritual leitet und oft auch für die Musik verantwortlich ist, sitzt entweder am Ende einer der beiden Mittelreihen neben dem Abt und unterhalb von ihm bzw. ihm beinahe gegenüber oder aber auf dem Platz unmittelbar daneben. Oft befinden sich an dem dem Altar gegenüberliegenden Ende der beiden mittleren Reihen zwei große Trommeln, die in einem Rahmengestell aufgehängt sind. Von dieser Anordnung gibt es gelegentlich Ausnahmen, die auf den besonderen logistischen Bedingungen beruhen, denen die heute im Exil lebenden Mönche sich anzupassen gezwungen waren.

Die folgende Skizze zeigt die Sitzverteilung der Mönche während einer Zeremonie im Kloster von Shedup Chökor Dargye Ling, das bei Swayambhunāth im Tal von Katmandu liegt:

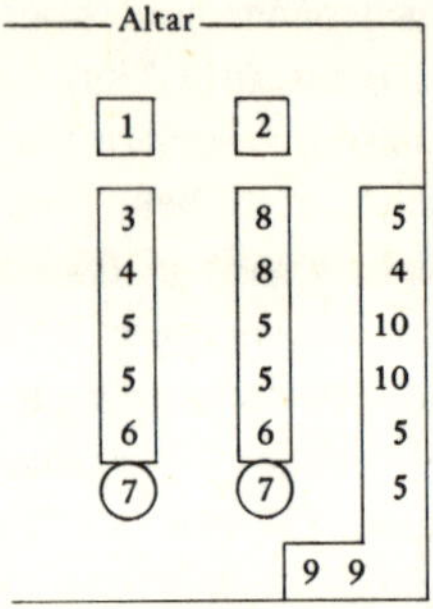

1. Sitz des obersten Lamas des Mönchsordens;
2. Abt des Klosters, der die Glocke und die kleine Trommel mit Anschlagkügelchen (*Damaru*) spielt;
3. Leiter der Zeremonie, der die Becken schlägt;
4. zwei Lamas, die die Glocke bedienen;
5. weitere Mönche;
6. zwei Mönche, die die in einem Rahmengestell aufgehängten Trommeln schlagen;
7. zwei große, in einem Rahmengestell aufgehängte Trommeln;
8. zwei Mönche, die abwechselnd Oboe und Kurztrompete spielen;
9. zwei Mönche, die Langtrompeten spielen;
10. zwei Novizen, die auf Muschelhörnern spielen.

Dem Ablauf religiöser Zeremonien liegt im allgemeinen der Wechsel von Rezitation, Gesang und Instrumentalmusik zugrunde. Sämtliche anwesenden Mönche nehmen an der Rezitation und am Gesang teil. Die Instrumentalmusik wird von einer Kategorie von Mönchen gespielt, die man vom rein musikalischen Standpunkt jedoch nicht als Berufsmusiker ansehen kann.

Das Orchester

Das Instrumentalensemble weist in Abhängigkeit von den jeweiligen Klostertraditionen unterschiedliche Zusammensetzung auf. Im vollständigen Orchester, das im Gebetssaal spielt, sind ganz allgemein folgende Instrumente vertreten: zwei Muschelhörner (*Dung Kar*), zwei Kurztrompeten aus Knochen oder Metall• (*Kang Ling*), zwei Langtrompeten (*Dung Chen*), zwei Arten von Oboen (*Gya Ling*), zwei verschiedene Beckenarten (*Röl-mo* und *Silñen*), ein oder zwei mit einem Stiel versehene bzw. in einem Rahmengestell aufgehängte Trommeln (*Nga*), eine kleine sanduhrförmige Trommel mit Anschlagkügelchen (*Damaru*) sowie eine Glocke (*Tribu*).

Die Blasinstrumente werden in identischen Paaren verwendet; auch ihre musikalischen Stimmen entsprechen sich genau und werden im allgemeinen gleichzeitig gespielt, obwohl die Muschelhörner, die Kurz- und die Langtrompeten bisweilen alternierend gespielt werden können. Außerdem werden die kurzen Metalltrompeten, die Langtrompeten und die Oboen auch in genau gleichen Paaren hergestellt. In einigen Klöstern verwendet man lediglich einen Teil der Blasinstrumente, während andererseits die Zahl der Trommeln und

Becken von der Zeremonie und der Zahl der am Ritual teilnehmenden Mönche abhängen kann. Wenn die Oboen nicht zur gleichen Zeit wie die Kurztrompeten spielen, werden diese beiden unterschiedlichen Arten von Instrumenten durch die gleichen Mönche verdoppelt, wie wir es im vorhergehenden Kapitel gesehen haben. Bei bestimmten Kulthandlungen dürfen soviele Becken und Trommeln eingesetzt werden, wie das Kloster besitzt. Bisweilen sind einer solchen Vervielfachung Grenzen gesetzt, wie beispielsweise im Kloster von Gyütö, wo die Zahl der *Silñen*-Becken nie höher als die der *Rölmo*-Becken liegen darf. Bei anderen Ritualen müssen alle ordinierten Mönche Glocken anschlagen. Gelegentlich wird ein Instrumentenpaar vervierfacht: Im großen Kloster von Sera in Tibet wurden bei bestimmten Gelegenheiten nicht zwei, sondern acht Langtrompeten verwendet, die man in Gruppen zu je vier Instrumenten an beiden Enden des Saales spielte.

Die Instrumente, die außerhalb des Gebetssaales benutzt werden, um die Mönche zum Gottesdienst zusammenzurufen, beschränken sich auf die Muschelhörner; bisweilen tritt ein Gong hinzu. Das Instrumentalensemble kann ferner bei Stücken, die abwechselnd auf dem Dach des Klosters gespielt werden, nur aus zwei Oboen und zwei Langtrompeten bestehen; bei den rituellen Maskentänzen werden zur musikalischen Begleitung nur die *Rölmo*-Becken, ein Paar Langtrompeten und eine oder zwei Trommeln verwendet.

Bei den Prozessionen finden die kleine sanduhrförmige Trommel und die Glocke seltener Verwendung als die übrigen Instrumente; dagegen sind der Gong (*Khar Nga*) oder die Metallscheibe (*Ting Ting*), die nie im Gebetssaal benutzt werden, recht häufig zu hören. Manchmal werden Instrumentenpaare doppelt eingesetzt, wobei diese Mehrfachbesetzung beträchtliche Ausmaße annehmen kann: Waddell berichtet von einer Prozession, bei der sechs Paar kurze Knochentrompeten, zwei Paar Langtrompeten, hundert kleine sanduhrförmige Trommeln, hundert Beckenpaare und hundert Trommeln verwendet wurden.[15]

Der Mönch als Musiker

Die Musik bildet einen integrierenden Bestandteil der Riten und kann daher keineswegs gesondert betrachtet werden. Das gleiche gilt für die Person des Musikers, der ebenfalls nicht von der des Mönchs zu trennen ist. Und da die Kulthandlungen einzig und allein von Mönchen ausgeführt werden, wird auch die Musik ausschließlich von ihnen gespielt. Der Musiker ist also vor allem Mönch, und als solcher nimmt er an allen rituellen Aktivitäten

15. Vgl. L. A. Waddell, *The Buddhism of Tibet or Lamaism*, Cambridge: W. Heffer and Sons Ltd., 1. Aufl., 1894, S. 533, Anmerkung 3.

– Rezitation von Gebeten und magisch-mystischen Formeln (*Mantra* im Sanskrit, *Ngak* im Tibetischen), Meditationen und Visualisationen – teil genau wie alle anderen Mönche auch.

Die Intensität der musikalischen Betätigung des Mönchs hängt von den Umständen ab. Während sämtliche Mönche ohne Ausnahme am Gesang und an der Rezitation teilnehmen, sind hinsichtlich der Ausführung von Instrumentalmusik zwei Gruppen von Mönchen zu unterscheiden. Mit vierzehn oder fünfzehn Jahren entscheidet sich der Novize, ob er seine Studien fortsetzen und beispielsweise ein Lehrer (*Geshe*) werden will oder ob er es vorzieht, sich auf andere Tätigkeitsgebiete zu beschränken, z. B. die Versorgung des Klosters mit Lebensmitteln, Verwaltungsaufgaben, die Herstellung von dekorativen oder rituellen Gegenständen, das Spielen von Musikinstrumenten oder die zahlreichen sonstigen praktischen Arbeiten, die für das tägliche Leben unerläßlich sind. Auf diese Weise entstehen zwei deutlich zu trennende Gruppen von Mönchen, nämlich die der gebildeten Mönche und jene, in der alle Mönche ohne eine solche Ausbildung zusammengefaßt sind (und die in den Klöstern von Gyütö und Gyüme als *Kyerimpa* bezeichnet werden). Dennoch bestehen innerhalb dieser beiden Gruppen hierarchische Unterschiede und innerhalb der zweiten Gruppe gewisse Unterschiede hinsichtlich des Bildungsniveaus. Der zur ersten Gruppe gehörende Mönch spielt nie ein Musikinstrument – ausgenommen die Glocke, das einzige Instrument, das wegen seiner symbolischen Bedeutung als wesentlich angesehen wird, oder in einigen Fällen die kleine sanduhrförmige Trommel oder auch die Becken –, sondern beschränkt sich auf das Rezitieren von Gebeten und den

Gesang. Gehört er jedoch der zweiten Gruppe an, kennt er bereits vor seinem zwanzigsten Lebensjahr alle Musikinstrumente und nimmt an den religiösen Zeremonien auch als Musiker teil. Im Laufe der Zeit überläßt er dann nach und nach diese Aufgabe den jüngeren Mönchen, einerseits, um ihnen Gelegenheit zu geben, sich während der Riten mit der Handhabung und dem Spielen der Instrumente vertraut zu machen, andererseits aber auch weil das Spielen einiger Instrumente eine körperliche Anstrengung verlangt, die mit zunehmendem Alter immer schwerer wird.

Weil die musikalische Betätigung zur Alltagsroutine des Klosterlebens ebenso gehört wie zahlreiche andere Tätigkeiten, zu denen der Mönch herangezogen wird, läßt sie sich schwerlich als eine Spezialisierung im engeren Sinne auffassen. Außerdem erfolgt eine solche Betätigung nicht unbedingt kontinuierlich. In einigen Klöstern wie in dem von Shedup Chökor Dargye Ling werden die Musiker im monatlichen Wechsel ausgewählt. Auf diese Weise erhalten zwar alle Novizen die Möglichkeit, sich im Spiel der Instrumente zu üben, doch können sie dadurch kein sehr hohes technisches Niveau erreichen. Manchmal geschieht es, daß alle Mönche eines Klosters, das in einer besonders kalten Gegend gelegen ist, die Wintermonate in einem Tal mit weniger strengen Temperaturen verbringen und dann die Musikinstrumente zurücklassen; oder wenn ein Mönch sein Kloster zu einer Wallfahrt oder aus anderen Gründen verläßt, nimmt er keinerlei Instrumente mit. Eine ständige Musikausübung gilt also im strengen Sinne nicht als unbedingt notwendig; auch die Perfektion der musikalischen Ausführung ist, wiewohl man eine genaue Vorstellung von ihr hat, nicht wesentlich; es genügt vollkommen, daß die Ausführung korrekt ist. Darüber hinaus ist die Musik selber für die Riten durchaus entbehrlich. Daraus folgt, daß die Funktion des Musikers im eigentlichen Sinn ebenfalls entbehrlich ist, weshalb die Bedeutung, die man ihm beimißt, nur relativ ist.

Während ein Mönch theoretisch imstande ist, alle Musikinstrumente zu spielen, wird er sich dennoch einem bestimmten Instrument mit besonderer Gründlichkeit widmen, sei es, weil keiner seiner Kollegen das betreffende Instrument genügend beherrscht, um ihn wirksam ersetzen zu können, wie es oft in weniger bedeutenden Klöstern der Fall ist, sei es, weil seine musikalische Begabung ganz einfach Anerkennung gefunden hat. So entsteht allmählich eine Art Spezialisierung, die auf die am schwersten zu spielenden Instrumente wie die Oboe, die Langtrompete und die Becken beschränkt bleibt[16]. In einigen Fällen kommt einer solchen Spezialisierung eine enger umschriebene Bedeutung zu, und mitunter erwerben Mönche sich als Musiker sogar einen gewissen Ruf. Ihre musikalische Betätigung ist jedoch stets an den Kontext der religiösen Aktivitäten gebunden und wird selbst in diesem Rahmen nie als professionell angesehen.

16. Tucci, op. cit., S. 175 gibt an, daß die Mönche, die das Muschelhorn und die Oboe spielen, eine besondere Vergütung erhalten. Unsere Beobachtungen decken sich freilich nicht mit dieser Information. Möglicherweise ist eine solche Nichtübereinstimmung der ganz speziellen Situation von Verbannten zuzuschreiben, in der sich die Mönche der meisten von uns besuchten Klöster heute befinden.

Musikalische Lehrzeit

Alle Novizen ohne Ausnahme müssen die Gebete lernen. Sie müssen ferner die verschiedenen Gesänge und Rezitationsstile erlernen. Diese Lehrzeit beginnt, sobald der junge Novize lesen und die Gebete auswendig aufsagen kann. Eine Ausnahme davon bilden die verschiedenen Gesangsstile, wie zum Beispiel der *Yang*, die eine besonders tiefe und gutturale Stimme erfordern. In diesem Fall beginnt die Unterweisung erst in der Pubertät nach dem Stimmbruch. Die Gesänge werden durch gehörsmäßige Imitation erlernt, bisweilen zusätzlich auch durch visuelle Nachahmung, das heißt durch Imitieren einer bestimmten Mund- und Halsstellung, wie sie beim *Yang*-Stil verlangt wird. Oft beschränken sich die Erläuterungen des Lehrers auf knappe Hinweise und Ermahnungen wie "die Kehle öffnen". Diese Aufforderung, der im Kloster von Gyütö besondere Bedeutung zukommt, wo sie praktisch das gleichzeitige Hervorbringen der Obertöne und des entsprechenden Grundtons bedeutet, wird von den Novizen dieses Klosters zum Teil auf eine ungewöhnliche Weise verwirklicht: Sie trinken im Verlauf des Tages große Mengen Wasser, wodurch Erbrechen ausgelöst wird, das der beabsichtigten Wirkung förderlich sein soll.

Das Erlernen der Musikinstrumente kann obligatorisch sein. Dies gilt für die Klöster von Gyütö und Tengboche, wo man, um die Mönchsweihe zu erlangen, Musikprüfungen ablegen muß. Wenn allerdings, wie im Kloster von Shedup Chökor Dargye Ling, eine genügende Anzahl von Mönchen vorhanden ist, um ohne weiteres ein Instrumentenensemble zu bilden, kann der Novize an Stelle der Musik die Malerei, die Bildhauerei oder das Weben von Teppichen erlernen. In der Praxis können jedoch alle Mönche zumindest einige Instrumente spielen.

Die allgemeine Erziehung der Mönche, von der die musikalische Unterweisung nur einen Teilbereich darstellt, beginnt im Alter von fünf oder sechs Jahren, in einem Alter, wo die Eltern ihr Kind in die Obhut des Klosters geben. In diesem Lebensabschnitt lernen die ganz jungen Novizen Lesen und Schreiben; auch lehrt man sie, sich allmählich mit den ersten gesellschaftlichen und rituellen Verhaltensnormen vertraut zu machen. Sie haben einen Lehrer, der sich, gelegentlich von Kollegen unterstützt, um sie kümmert und der oftmals nur ein etwa zehn Jahre älterer Novize ist. Dieser Lehrer bringt ihnen auch bei, wie man die einfachsten Musikinstrumente, zum Beispiel das Muschelhorn, spielt.

Die Reihenfolge, in der der Novize sich mit den einzelnen Instrumenten vertraut macht, liegt nicht fest, richtet sich aber im allgemeinen nach dem Schwierigkeitsgrad in Verbindung mit Erwägungen praktischer Art. Die Reihenfolge entspricht oft dem folgenden Schema: Muschelhorn, Kurztrompete oder Trommel (*Nga*), Langtrompete, Oboe, Becken, Glocke und sanduhrförmige Trommel. Nicht, daß die Becken, die Glocke oder gar die kleine sanduhrförmige Trommel schwieriger zu spielen sind als die Oboe, aber da diese Instrumente nur vom Zeremonienmeister, vom Leiter der Musik sowie deren Assistenten oder von höherrangigen Mönchen gespielt werden dürfen, wäre ein allzu frühes Erlernen unnütz. Die Glocke und die sanduhrförmige Trommel werden nur von ordinierten Mönchen und den eigentlichen Lamas benutzt.

Dem Studium der verschiedenen Instrumentaltechniken liegt kein abstraktes System von Übungen zugrunde wie etwa Tonleitern oder Arpeggien; vielmehr ist das Erlernen dieser Techniken unmittelbar an das Studium der Stücke selbst sowie der Melodie- und Rhythmusformeln gebunden, die durch die Spielart des jeweiligen Instruments vorgegeben sind. Von dieser allgemeinen Regel gibt es jedoch zwei Ausnahmen, und zwar was die Oboen und die sonstigen Blasinstrumente betrifft. Bei den Oboen müssen die Novizen, noch ehe sie zu spielen beginnen, einzeln den Fingersatz erlernen, der den verschiedenen Melodien entspricht; zu diesem Zweck bedienen sie sich eines beliebigen Holzknüppels, wobei sie die ganze Zeit die Melodie, die sie lernen sollen, halblaut vor sich hersingen oder auch auf einer geraden Holzflöte (*Ling Bu*) üben, die zur Familie der weltlichen Instrumente gehört und bei der die Hervorbringung der Töne ganz einfach ist. Für die Blasinstrumente ganz allgemein gilt, daß der Spieler durch die Nase einatmen und gleichzeitig die in der Mundhöhle angesammelte Luft ausatmen lernen muß, damit ein kontinuierlicher Luftstrom entsteht, der ein ununterbrochenes Spiel gestattet. In den *Sakyapa*- und *Kagyüpa*-Mönchsorden sowie in einigen Klostertraditionen der anderen Orden findet diese Technik auf die Muschelhörner, die Oboen und mehrere Töne der Langtrompeten Anwendung. Obwohl man sich an diese Technik nicht in jedem Fall hält, wird sie stets bei den Oboen angewendet.

Die jungen Novizen üben die Atemtechnik, indem sie durch einen Strohhalm in ein Gefäß mit Wasser blasen. Wenn ständig Luftblasen nach oben steigen, ist dies der Beweis, daß sie richtig zu atmen gelernt haben und nun dem eigentlichen Spielen des Instruments nähertreten können. Es ist in diesem Zusammenhang interessant, daß die gleiche Atemtechnik sowie ihr Erlernen heute in der islamischen Welt und sogar auf der Insel Sardinien praktiziert werden[17]. Um die Beherrschung dieser Technik zu festigen, verwendet man bisweilen Strohhalme, deren Querschnittsöffnung allmählich immer größer wird; oder man mischt Mehl in das Wasser des Gefäßes, damit der Novize das Blasen von Mal zu Mal als immer schwieriger empfindet; oder man taucht den Schallbecher der Langtrompete in einen Bergbach, wobei in diesem Fall die Strömung die Bildung von Luftblasen erschwert.

Sobald der Novize imstande ist, richtig zu spielen, nimmt er an den Riten teil, unterstützt von etlichen erwachsenen Mönchen, die ihm falls erforderlich den Beginn und das Ende des Instrumentalspiels angeben. Auf diese Weise vertieft der Novize durch aktive Teilnahme an den Zeremonien seine entsprechenden Kenntnisse.

Das Verhältnis zwischen Lehrer und Schüler beruht, musikalisch gesprochen, auf auditiver und visueller Nachahmung. Während bei den Becken die visuelle Nachahmung naturgemäß im Vordergrund steht, ist dies bei der Oboe recht auffallend. Im Kloster von Shedup Chökor Dargye Ling liegt dem Erlernen der Melodien

17. Vgl. C. Sachs, *op. cit.*, S. 91.

dieses Instrumentes in erster Linie die Nachahmung des Fingersatzes zugrunde, ohne daß jedoch der Studierende diesen Fingersatz automatisch zu den entsprechenden Tönen in Beziehung setzt, eine Tatsache, die vom psychologischen Standpunkt interessant ist.

Die Erläuterungen des Lehrers stützen sich oft auf bildhafte Vergleiche: So muß die Bewegung des unteren Beckens bei der Ausführung des Tremolos – dies ist die Erklärung, die mir persönlich gegeben wurde – wie der Flügelschlag eines fliegenden Vogels sein. Derartige Bilder dienen mitunter als Basis einer musikalischen Terminologie. Um beispielsweise eine Beckenpassage zu bezeichnen, die aus einem kurzen, auf dem rechten Rand des Instruments gespielten und einem anschließenden längeren, auf dem linken Beckenrand ausgeführten Ton besteht, wird mitunter der Begriff *Theng Kang* verwendet. Dieser Ausdruck wird mit der Vorstellung des Hinkens in Verbindung gebracht. In diesem Fall besteht zwischen der Bewegung der Becken und der dafür verwendeten Bezeichnung nicht nur eine visuelle, sondern auch eine akustische Übereinstimmung. Außerdem hat der Begriff *Theng Kang* selber onomatopoetischen Charakter. Klangmalerei findet in der musikalischen Terminologie häufig Verwendung und erfüllt somit auch eine didaktische Funktion.

Die Notierung, die während der religiösen Zeremonien nie benutzt wird und von einer bestimmten Klostertradition zeugt, dient im Rahmen der musikalischen Ausbildung als Gedächtnisstütze. Sobald im Kloster von Nechung der Novize die Stücke für die Langtrompeten erlernt hat und unter Nennung der verschiedenen Töne richtig zu singen imstande ist, wird ihm die Abschrift der Notierung dieser Stücke, die ihm während des

Studiums als Vorlage diente, weggenommen und verbrannt. Bei dieser in hohem Maße auf mündlicher Überlieferung gründenden Tradition hat also die musikalische Notation eine vorrangig didaktische Funktion. Daraus erklärt sich auch – von einigen deskriptiven Aspekten abgesehen – der mnemotechnische Charakter dieser Notationsweise sowie das völlige Fehlen jeder vorschreibenden Funktion (siehe auch das Kapitel über die Notation auf Seite 138).

Bisweilen findet auch die aus der musikalischen Notation hervorgegangene Chironomie Anwendung. Im großen Kloster von Pepung in Tibet zeichnet der Lehrer mit den Händen bestimmte Zeichen in der Luft, die der Notation der Langtrompeten entsprechen. Diese Zeichen muß der Schüler richtig interpretieren, während er auf dem Instrument spielt.

Zeremonienmeister und Leiter der Musik

Die Kulthandlungen stehen unter der Leitung eines besonderen Mönchs (*Umze*). Er ist es, der stets mit der gemeinsamen Rezitation der Gebete und mit den gesungenen Partien der religiösen Zeremonien beginnt und der diesen das Zeitmaß der Ausführung vorschreibt. Er schlägt die Becken[18]; nach seinem Spiel richten sich oft Anfang und Ende eines orchestralen Zwischenspiels. In seiner Eigenschaft als Zeremonienmeister ist er auch gleichzeitig Leiter der Musik. Der *Sakyapa*-Mönchsorden macht von dieser Regel allerdings eine Ausnahme, zumindest bei der *Ngorpa*-Tradition, wo diese beiden Funktionen streng voneinander getrennt sind: Neben dem eigentlichen Leiter des Rituals gibt es noch einen speziellen Leiter der Musik (*Rölpön*). Dieser schlägt die Becken, während der Zeremonienmeister die Stieltrommel bearbeitet. Die Pflichten des Leiters der Musik beschränken sich ausschließlich auf das Instrumentalensemble, während die Verantwortung für die gesunge-

18. Vielleicht ist es in diesem Zusammenhang ganz interessant, daß auch bei den Zeremonien der altjüdischen Welt der Leiter des Rituals oder der Musik die Becken spielte. Vgl. H. Hickmann, "Cymbales et Crotales dans l'Egypte ancienne", in *Annales du Service des Antiquités de l'Egypte*, XLIX, Kairo 1950, S. 478–479.

nen Partien stets vom Zeremonienmeister übernommen wird. Daraus geht hervor, wie sehr die Vokalmusik der Zeremonien als untrennbarer Bestandteil der eigentlichen Riten angesehen wird. Die Riten können gegebenenfalls sogar ohne Beteiligung des Orchesters ausgeführt werden; die gesungenen Partien der Zeremonien müssen dagegen immer ausgeführt werden. Dadurch erklärt sich, daß die Aufgaben des Zeremonienmeisters auch die des Leiters der Gesänge umfassen.

Bei allen Mönchsorden können die Becken auch von den Gehilfen des Zeremonienmeisters oder des Leiters der Musik sowie von den ordinierten Mönchen gespielt werden. Der Leiter des Rituals, dessen Funktion einem hohen Rang innerhalb der Klosterhierarchie entspricht, wird vom Abt des Klosters ernannt, nicht sosehr wegen seiner musikalischen Fähigkeiten, obwohl Qualität und Klangfülle seiner Stimme wichtige Faktoren sind, sondern vor allem wegen seines ausgezeichneten Gedächtnisses und seiner umfassenden Kenntnis der Riten. Dennoch muß er auch die Becken einwandfrei schlagen können, und zwar nicht nur weil sein Spiel unter anderem das Ende eines Gebetes oder eines Gebetsteiles bezeichnet, sondern weil von der Deutlichkeit und Präzision der Beckenschläge – wie bereits erwähnt – oft der Beginn der instrumentalen Zwischenspiele und deren Dauer abhängen. Die gleichen gründlichen Kenntnisse der Liturgie und somit auch der Musik werden vom Leiter der Musik verlangt. Die Aufgaben des Zeremonienmeisters und des Leiters der Musik unterliegen einem periodischen Wechsel.

Musizierpraxis

Ein typisches Ritual besteht in dem Wechsel von Rezitation, Gesang und Instrumentalmusik. Der Leiter des Rituals ist, wie wir gesehen haben, stets derjenige, der mit der Rezitation und dem Gesang beginnt. Was die Instrumentalmusik betrifft, wissen die Mönche zwar, wann ihr Einsatz erfolgt, richten sich jedoch häufig nach dem Beckenspiel des Zeremonienmeisters oder des Leiters der Musik. In den meisten Fällen findet das orchestrale Zwischenspiel unmittelbar nach dem Ende eines Gebetes statt und gehört zum gleichen Teil des Rituals.

Der Klang des Orchesters ist im allgemeinen laut. Darüber hinaus erzeugen die Obertöne, die durch die Schwingungen der Becken entstehen – abgesehen von jenen, die auf eigentümliche Vokaltechniken zurückzuführen sind –, eine Resonanz, die in der Luft fortschwingt und die orchestralen Zwischenspiele der Zeremonien oder der rezitierten und gesungenen Partien, bei denen die Becken verwendet werden, in eine sehr suggestive Klangatmosphäre einhüllt. Die Tonaufnahmen werden diesem äußerst faszinierenden Aspekt der Musizierpraxis nicht immer gerecht.

Bei einigen Riten, die für eine bestimmte Kategorie von Gottheiten zelebriert werden, sind auch Pfeiftöne, Fingerschnippen und Händeklatschen zu hören. Das Pfeifen dient dazu, böse Geister anzulocken, die dann durch die symbolische Macht des rituellen Händeklatschens in günstig gesinnte verwandelt werden (siehe Seite 59). Wir erwähnten bereits, daß die Blasinstrumente in identischen Paaren verwendet werden und daß die Kurztrompeten aus Metall, die Langtrompeten und die Oboen ebenfalls paarweise hergestellt werden. Die Muschelhörner und die kurzen Knochentrompeten werden dagegen in der Weise bearbeitet, daß sie möglichst gleich sind. Dadurch erklären sich vielleicht die mikrotonalen Abweichungen, die beim Spiel zweier entsprechender Instrumente mitunter herauszuhören sind, was aber auch bei anderen paarweise gespielten Blasinstrumenten vorkommen kann. Diese Tonunterschiede können allerdings auch durch die geringere Fertigkeit des einen der beiden Spieler bedingt sein. In manchen Fällen ist es jedoch nicht ausgeschlossen, daß die mikrotonalen Abweichungen absichtlich herbeigeführt werden. Dies dürfte durch die häufige Verschiedenheit in den Tonhöhen der beiden kleinen Metallscheiben bestätigt werden, welche die kleinen Becken (*Ting Sha*) bilden, oder beispielsweise auch durch die beiden verschieden hoch klingenden Glocken der großen Gebetsmühle von Dharamsāla, die durch Drehen der letzteren in Schwingung versetzt werden.

Dem Spiel der Musikinstrumente mit Ausnahme der Oboen liegt eine bestimmte Anzahl melodischer und rhythmischer Formeln zugrunde, die von Instrument zu Instrument wechseln und von vornherein genau festgelegt sind. Die für ein und dasselbe Instrument geltenden

Formeln werden auf mannigfache Weise miteinander kombiniert und bilden so die musikalische Partie, die einem bestimmten orchestralen Zwischenspiel eigentümlich ist. Ebenso werden die Formeln der verschiedenen Instrumentalpartien in vielfältigen Kombinationen miteinander verknüpft.

Von einigen Ausnahmen abgesehen, wird das Ensemblespiel im wesentlichen durch den Beckenpart bestimmt, der als allgemeiner Bezugspunkt dient. Dadurch erklärt sich die Bedeutung des Beckenspielers, dessen vorrangige Rolle durch die Tatsache unterstrichen wird, daß er auch der Zeremonienmeister oder der Leiter der Musik ist. Letzterer muß jedoch in bestimmten Fällen seinerseits den anderen Instrumentalisten folgen. Es entsteht somit eine wechselseitige Abhängigkeit der musikalischen Stimmen wie auch eine kontinuierliche Anpassung zwischen ihnen während der Ausführung (vgl. die Erläuterungen zur Transkription zweier orchestraler Zwischenspiele auf Seite 121 f.) Es sei ausdrücklich darauf hingewiesen, daß zwischen diesen Stimmen keinerlei harmonische Ordnung besteht.

Der musikalische Part von paarweise gespielten Instrumenten muß, wie wir gesehen haben, identisch sein. Doch ist diese völlige Übereinstimmung selten gewahrt, weil der jüngere und weniger erfahrene Spieler sich darauf beschränkt, seinem fachkundigeren Kollegen zu folgen, und zwar sowohl aus praktisch-musikalischen Gründen wie aus bloßer Höflichkeit; zum anderen handelt es sich um eine mündlich überlieferte traditionelle Musik, bei der die Funktion des Zeremonienmeisters bzw. des Leiters der Musik für die Ausführenden nicht so sehr eine verläßliche Musizieranweisung darstellt, die auf die Präzision des Zusammenspiels einen Einfluß hat, als vielmehr lediglich eine wenngleich wichtige Bezugsbasis.

Während des Ritus kann bisweilen eine Kommunikation durch Gesten hergestellt werden, mit deren Hilfe sich Anweisungen für die musikalische Ausführung oder auch eine diesbezügliche Kritik übermitteln lassen. So können Mönche beispielsweise weniger erfahrenen Novizen den Beginn oder das Ende eines instrumentalen Zwischenspiels angeben, oder der ältere von zwei Musikern, die auf identischen Instrumenten spielen, kann während des Spielens seinem Kollegen durch eine Geste den Augenblick bezeichnen, wo dieser aufhören muß, wie etwa bei zwei Musikern eines Symphonieorchesters, die beide das gleiche Instrument und den gleichen musikalischen Part spielen.

Um Kritik an der musikalischen Ausführung auszudrücken, bedient man sich konventioneller Gesten. Der Zeremonienmeister weist, während er die Becken schlägt, auf einen Fehler des Abtes hin, indem er den rechten Daumen emporstreckt; der kleine ausgestreckte Finger der rechten Hand bedeutet eine Kritik am Beckenspiel seiner Gehilfen. Desgleichen dürfen die Assistenten ihn durch die gleiche Geste auf einen Fehler aufmerksam machen, den er begangen hat. Nach der Zeremonie finden Erläuterungen zu den beanstandeten Stellen der Ausführung und über die vorzunehmenden Korrekturen statt.

Ein und dasselbe Ritual wird selten auf die gleiche Weise aufgeführt, vielmehr je nach den Umständen modifiziert. Der Zeremonienmeister gibt das Tempo der Ausführung an je nach der Feierlichkeit des Anlasses oder auch nur nach der zur Verfügung stehenden Zeit: je bedeutsamer der Anlaß, desto langsamer das Zeitmaß der Ausführung. Umgekehrt kann bei einer gewöhnlichen Zeremonie, vor allem, wenn man nicht über viel Zeit verfügt, das Tempo wesentlich beschleunigt werden, denn gemäß der Vorschrift muß jede Zeremonie ohne Kürzungen ausgeführt werden. Aus diesem Grunde lassen sich einige Zeremonien in zwei oder drei vorher festgelegten Versionen unterschiedlicher Länge ausführen, die aber ebenfalls Veränderungen des Zeitmaßes unterliegen.

Dieser Veränderlichkeit des Ausführungstempos ein und desselben Rituals kommt erhebliche Bedeutung zu, vermag sie doch ständig nicht nur die Länge beispielsweise eines Becken-Accelerandos oder einiger Töne der Blasinstrumente zu modifizieren, sondern sogar den melodischsten Aspekt der Musik, der durch den Part der Oboen gegeben ist. Bei diesem Instrument unterscheidet sich das Repertoire der religiösen Funktionen nicht von dem Repertoire für andere Anlässe, und die Oboenspieler musizieren die gleichen Stücke abwechselnd mit Stücken für die Langtrompeten auf dem Dach des Klosters wie auch gemeinsam mit dem Orchester im Gebets- bzw. Zeremoniensaal. Die Tonlänge der Stücke für Oboe ist nicht sehr variabel. Da nun aber die Dauer des orchestralen Zwischenspiels meist nicht ausreicht, damit ein Oboenstück vollständig gespielt werden kann, und da ein Aufhören auf einem Ton oft als ungeschickt und musikalisch unschön angesehen wird, dürfen die Oboen ihr Spiel nicht an einer beliebigen Stelle unterbrechen, sobald das Zwischenspiel des Orchesters beendet ist. Die Musiker müssen also nach Maßgabe des vom Zeremonienmeister angeordneten Ausführungstempos, über das zuvor weder eine Entscheidung noch eine Vereinbarung getroffen wurde, selber bestimmen, auf welchem Ton ihres eigenen Parts sie in dem Augenblick ihr Spiel unterbrechen müssen, wenn das Orchester zum Ende kommt, und wie lange sie beispielsweise einen bestimmten Ton aushalten müssen, um gleichzeitig mit dem Orchester aufzuhören, wobei sie das Grundtempo ihres eigenen Stückes obendrein beachten müssen. Dieses Zeitmaß ist also keineswegs an das des Orchesters gebunden: Die Stücke für Oboe sind folglich der Musik des übrigen Instrumentalensembles einfach überlagert, ein Tatbestand, der ein Hinweis darauf sein könnte, daß die Oboen im Verlauf der Geschichte erst spät in das Orchester des tibetischen Klosters Eingang fanden.

Bei jedem orchestralen Zwischenspiel, bei dem die Oboen mitwirken müssen, setzen diese sofort mit dem gleichen Stück ihres Repertoires an der Stelle wieder ein, wo sie am Ende des voraufgegangenen orchestralen Interludiums ihr Spiel unterbrachen. Infolgedessen kann es bei langsamer Ausführung des Rituals Platz für sechs, sieben oder acht Oboenstücke geben, während im Falle einer rascheren Ausführung die Zahl der Oboenstücke sich auf ein oder zwei beschränkt.

Eine solche kontinuierliche Änderung des Ausführungstempos ein und desselben Rituals kann darüber hinaus auch Einzelheiten in den Instrumentalpartien festlegen: So werden bei einigen Klostertraditionen des *Ñingmapa*-Mönchsordens bei rascher Ausführung der Zeremonie bestimmte Töne der Langtrompeten nicht gespielt.

Es gibt auch noch andere Faktoren, die zur Veränderlichkeit der musikalischen Ausführung beitragen. Im Kloster Gyütö beispielsweise, wo die beiden Langtrompeten bei jedem orchestralen Zwischenspiel abwechselnd je einen Ton des mittleren Registers und einen höheren Ton spielen, muß die Zahl der ersteren – also der mittleren – Töne mit der der hohen Töne übereinstimmen, wobei diese Gleichheit von den Ausführenden selber festgelegt werden muß; darüber hinaus müssen diese beiden Töne nicht unbedingt einer festgelegten Tonhöhe entsprechen. In den meisten der übrigen Klöster wird die Klangkontinuität bestimmter Töne der Langtrompeten durch abwechselndes Spielen der zwei Instrumente erreicht; die Art und Weise, wie dieses abwechselnde Spiel verwirklicht wird, bleibt freilich den Ausführenden überlassen und ändert sich ständig.

Bisweilen kann sich die Instrumentierung ein und desselben Rituals ändern; in manchen Fällen werden soviel Trommeln verwendet, wie das Kloster besitzt. Gelegentlich kommt es aber auch vor – besonders in den kleineren Klöstern –, daß einer der beiden Musiker, die Muschelhörner oder Kurztrompeten spielen, für anderweitige Aufgaben benötigt wird und folglich nicht an den Riten teilnehmen kann. In anderen Fällen wiederum kann die Zusammensetzung des Orchesters hierarchisch bedingt sein: So werden beispielsweise im Kloster von Gyütö die *Silñen*-Becken nur von Mönchen gespielt, die zumindest eine bestimmte Rangstufe erlangt haben; wenn aber keiner dieser Mönche bei den Kulthandlungen zugegen ist, werden die Becken nicht gespielt.

Die musikalische Ausführung bei Prozessionen unterliegt bisweilen in noch stärkerem Maße Änderungen als die der Rituale. In diesen Fällen handelt es sich oft nur um eine Übereinanderschichtung unterschiedlicher Musiken, deren Übereinstimmung nicht unbedingt festgelegt sein muß. Ich selber konnte die folgenden Beobachtungen machen, die mir später durch die Ausführenden bestätigt wurden, als ich einer Prozession beiwohnte, bei der verschiedene Gruppen von Mönchen in einigem Abstand voneinander gleichzeitig völlig verschiedene Stücke spielten, die jeweils zu ihrem eigenen Repertoire gehörten. An der Spitze des Zuges spielten zwei Oboisten ein bestimmtes Stück, hinter ihnen schritt im Abstand von etwa fünf Metern ein Mönch, der mit mehr oder weniger regelmäßigen Schlägen die Trommel spielte. In noch größerem Abstand wurde ein Gong geschlagen. Theoretisch hätte jeder Gongschlag auf je zwei Trommelschläge erfolgen müssen, doch vermutlich auf Grund der Distanz zwischen den beiden Ausführenden klappte das Zusammenspiel nicht ganz. Am Ende des Zuges spielten zwei weitere Oboisten ein anderes Stück als die beiden Oboisten an der Spitze des Zuges. Vom Dach des Heiligtums, das den Mittelpunkt der Prozession bildete, spielten schließlich zwei Mönche ein Stück für die Langtrompeten.

Es kommt also, wie man sieht, höchst selten vor, daß zwei musikalische Ausführungen absolut identisch sind: Obwohl die Improvisation im eigentlichen Sinne in der tibetischen Sakralmusik nicht vorgesehen ist und obwohl die Instrumentalpartien präzise geregelt sind, stellt die Beziehung zwischen Strenge und Flexibilität, zwischen den präzisen Vorschriften und der praktischen Verpflichtung zu augenblicklicher Interpretation eines der Merkmale dieser Musik dar.

Instrumentaltechniken

Die Spieltechnik der Musikinstrumente reicht von der ziemlich einfachen Stufe der Trommel, des Muschelhorns und selbst der Kurztrompete bis zu einer merklich komplizierteren Technik, wie sie Langtrompeten, Oboen und Becken erfordern.

Dem Spiel des Muschelhorns und der Kurztrompete liegt gewöhnlich nur ein einziger Ton zugrunde, während das Spiel der Trommel aus regelmäßigen oder accelerando ausgeführten Schläagen besteht, denen bisweilen ein kürzerer Schlag oder ein Tremolo vorausgeht. Wie einfach das Spiel beispielsweise auf dem Muschelhorn ist, wurde mir oft durch das Verhalten der Mönche gegenüber meinen Fragen nach der Technik dieses Instruments bestätigt: Jedesmal, wenn ich danach fragte, wie das Spiel auf dem Muschelhorn technisch zu erlernen sei, antworteten alle anwesenden Mönche stets mit schallendem Gelächter, denn dieses Instrument "wird nicht erlernt", man spielt es ganz einfach schon nach wenigen Übungstagen und – in einigen Klöstern – nach Erlernen jener speziellen Atemtechnik, wie sie an früherer Stelle für die Oboen beschrieben wurde.

Obwohl diese Atemtechnik für alle Blasinstrumente ganz allgemein gilt, bilden die Kurztrompeten gewöhnlich eine Ausnahme von dieser Regel, da ihr musikalischer Part meist aus Tönen besteht, deren verhältnismäßig kurze Dauer die Anwendung einer solchen Technik nicht erforderlich macht. In manchen Klöstern, vor allem in denen des *Gelugpa*-Mönchsordens, gilt diese Ausnahme auch für die Langtrompeten. In anderen Klöstern wiederum wird die Technik des kontinuierlichen Luftstroms nur für bestimmte Töne, und zwar ausschließlich der letztgenannten Instrumente, angewendet. Mitunter hat der Ausführende noch nicht genügend Übung in dieser Technik; in diesem Fall darf er ganz normal atmen, sofern er die Klangkontinuität mit Hilfe eines Kollegen aufrechterhält, der das gleiche Instrument spielt, falls diese Kontinuität erforderlich ist. Bei den Oboen muß die Technik des kontinuierlichen Luftstroms jedoch in allen Klöstern sämtlicher Mönchsorden stets angewendet werden.

Eine Besonderheit des Spiels auf den Kurztrompeten besteht in einem Sforzato-piano, das auf demselben Ton ausgeführt wird und nicht durch die Lippen oder die Zunge entsteht, sondern durch eine Veränderung des Anblasdrucks; ein weiteres Merkmal besteht darin, daß man auf ein und demselben Ton eine Art Tremolo erzeugt, indem man das Instrument während des Spiels schnell hin und her schüttelt. In den musikalischen Partien der Langtrompeten müssen Einsatz und Ende der meisten Töne ebenso wie deren Intensitätsgrad, ja sogar die Kontinuität der Klangfarbe besonders sorgfältig beachtet werden. Dieses Instrument wird im allgemeinen mit einem mehr oder weniger starken Druck der Lippen gegen das Mundstück gespielt, etwa so wie es die Posaunisten in der europäischen Musik zu tun pflegen. Bisweilen wird eine Anblastechnik ohne Druck angewendet, beispielsweise zur Erzeugung des Tones *Kha Dor* (siehe Seite XX). Für den tiefsten Ton (*Dor*) verwendet man wiederum eine Art Triller, der durch die Lippen und die Zunge hervorgerufen wird.

Was die Spieltechnik der Oboen betrifft, müssen die Erzeugung des Tones und dessen Übereinstimmung mit dem Fingersatz sorgfältig überwacht werden. Die traditionelle Fertigung der Rohrblätter (*Pipi*)[19], von denen die Tonerzeugung ebenfalls abhängt, erfolgt mit großer Gewissenhaftigkeit, da das Fehlen von Tonstärkeunterschieden beim Spiel dieses Instruments – ein Spiel, das ausschließlich große Lautstärken kennt – durch die Aufmerksamkeit kompensiert wird, die man der Tonqualität entgegenbringt. Diese große Lautstärke läßt sich ferner dadurch erklären, daß die ziemlich steifen Rohrblätter vollständig, und zwar vertikal, im Mund gehalten werden. Die rechte Hand befindet sich meist in oberer Stellung. Die Grifflöcher werden normalerweise nicht wie in Europa mit den Fingerkuppen gedeckt, sondern mit dem zweiten Fingerglied.

Für das Spiel auf der Oboe kann man sämtliche Töne verwenden, die das Instrument normalerweise zu erzeugen imstande ist, oder man beschränkt sich auf den Einsatz von sechs oder auch nur fünf Fingern. In diesem Fall wird das letzte untere Loch des Instruments mit angefeuchtetem Papier oder Wachs verstopft.

19. In H. A. Jäschke, *A Tibetan-English Dictionary*, London: Routledge & Kegan Paul Ltd., 1. Aufl. 1881, S. 323, ist der Begriff *Pipi* fälschlicherweise mit 'Pfeife', 'Flöte' wiedergegeben, eine Übersetzung, die von Sarat Chandra Das, *A Tibetan-English Dictionary*, Kalkutta: The Bengal Secretariat Book Depot, 1902, S. 782 übernommen wurde.

Eine der Oboe eigentümliche Spieltechnik ist die Erzeugung von sogenannten Acciaccaturen, die auf dreifache Weise ausgeführt werden können: Entweder läßt man den Finger plötzlich gegen das Griffloch schnellen und hebt ihn ebenso entschieden wieder ab, oder man öffnet das Griffloch nur unmerklich oder – wie bei der *Sakyapa-Ngorpa*-Tradition – auf die übliche Weise mit einer verhältnismäßig ruhigen Bewegung des Fingers. Die verschiedenen Abstufungen bei der Erzeugung der Acciaccaturen sowie deren Klangfarbe sind in einigen Klostertraditionen für das Spiel der Oboen charakteristisch. So soll der Ausführungsstil der *Kagyüpa*-Mönche, zumindest im Gebiet von Khan, in der Tat viel weniger kraftvoll sein als der der *Gelugpa*-Mönche, und der Stil der *Sakyapa*-Mönche aus der Zentralregion gilt als einfacher und schmuckloser im Vergleich zu dem der Mönche des *Kagyüpa*-Ordens.

Die Schlagtechnik der Becken ist ebenfalls sehr differenziert: Manchmal werden die beiden Becken während der Rezitation mit aufeinanderliegenden Rändern rhythmisch geschlagen und sofort getrennt, was langdauernde Schwingungen verursacht. Oder sie werden in genau axialer Richtung aufeinandergeschlagen; auf diese Weise entsteht eine mehr gedämpfte Klangfarbe. Gelegentlich läßt man das eine Becken mit einer geraden oder kreisenden Bewegung auf dem anderen hin und her gleiten, oder eines der Becken wird gegen das andere, senkrecht zum ersten gehaltene Becken geschlagen. Schließlich gibt es auch Schlagtechniken, bei denen das rechte Becken umgekehrt gehalten wird oder nur der Rand des Instruments zur Klangerzeugung dient.

Die beiden verschiedenen Becken (*Rölmo* und *Silñen*) des Klosterorchesters werden auf verschiedene Weise gespielt. Die *Rölmo*-Becken, die eine dunklere Klangfarbe aufweisen, werden horizontal gehalten und daher in vertikaler Richtung zusammengeschlagen; die *Silñen*-Becken dagegen, die sich durch einen helleren Klang auszeichnen, werden fast senkrecht gehalten und durch eine waagerechte Bewegung gegeneinandergeschlagen. Auch Tremolos werden ziemlich häufig verwendet. Bei den *Silñen*-Becken ist die Bewegung der beiden Becken fast identisch; bei den *Rölmo*-Becken wird das linke, unter dem rechten gehaltene Becken fast nicht bewegt, während die zur Erzeugung des Tremolos notwendige Bewegung mit dem rechten Beckenteller ausgeführt wird.

Beiläufig sei erwähnt, daß einige der vorgenannten Techniken sich auch im alten Kleinasien und noch heute in der koptischen Messe[20] finden.

Gewöhnlich werden die beiden Beckenteller nie genau aufeinandergeschlagen; das rechte Becken ragt etwa um ein Drittel seines Durchmessers über das linke Becken hinaus. Die beiden Beckenteller können mit veränderlicher Intensität gespielt werden: Werden sie sehr stark gegeneinandergeschlagen, läßt man den Ton frei ausschwingen; bei geringerer Lautstärke läßt man die beiden Beckenteller nach erfolgtem Schlag sich weiterhin leicht berühren. Oft wird das Zusammenschlagen mit einer entschlossenen, doch gleichzeitig ruhigen Bewegung ausgeführt, was zu einer streifenden Berührung der beiden Becken kurz vor dem eigentlichen Schlag führt. Dadurch entsteht der Eindruck eines kurzen und sehr raschen Tremolos.

20. Vgl. H. Hickmann, *op. cit.*, S. 486ff.

Das Repertoire der Langtrompeten und der Oboen

Zu den Musikaufführungen des Orchesters muß noch das Spiel der Langtrompeten und der Oboen hinzugefügt werden, die im Musikleben eines Klosters oft eine wichtige Rolle spielen. Diese beiden Instrumente sind die einzigen, die über ein eigenes Repertoire von Stücken im engeren Sinne verfügen. Für die Oboen bleibt dies Repertoire bei allen Gelegenheiten und Anlässen das gleiche; für die Langtrompeten findet es im allgemeinen nur außerhalb des Zeremoniensaales Anwendung. Mit Ausnahme der Klöster, wo diese Instrumente nicht verwendet werden, wie zum Beispiel in dem Kloster, an dessen Spitze der hochwürdige Abt Serkong Rinpoche steht, und abgesehen von den Klöstern Gyütö und Gyüme, die keine Oboen besitzen und wo das Spiel der Langtrompeten lediglich auf dem Wechsel eines Tones des mittleren Registers mit einem höheren Ton beruht, besitzt jeder Mönchsorden wie auch jede Schulrichtung innerhalb ein und desselben Ordens ein eigenes Repertoire von Stücken für die Langtrompeten und Oboen. Die Reichhaltigkeit dieses Repertoires richtet sich nach der Bedeutung des Klosters. In kleinen Klöstern kann die Zahl der Stücke für die Langtrompeten auf drei oder vier, die der Oboenstücke auf sieben oder acht begrenzt sein. In den großen Klöstern dagegen können begabte Oboespieler bis zu sechzig Stücke in ihrem Repertoire haben. Manchmal, wie im Kloster von Pelgye Ling, bleibt die Wahl der zu spielenden Stücke dem Oboisten überlassen; in anderen Klöstern wie in dem von Shedup Chökor Dargye Ling, besteht innerhalb des Repertoires eine gewisse Rangordnung, die festlegt, in welcher Reihenfolge die Stücke im Verlauf des Tages gespielt werden. Einige Musiken werden dabei öfter gespielt als andere; auch sind sie bekannter. Das gilt beispielsweise beim Orden der *Kagyüpa*-Mönche für *Jetsun Chöling*, bei einigen *Gelugpa*-Klöstern für *Tenkyongma* oder bei der *Sakyapa*-Tradition für *Rinchen Palden.*

In zahlreichen Klöstern werden Stücke für Oboe auf dem Dach des Gebetssaales im Wechsel mit Stücken für die Langtrompete gespielt. Diese Aufführungen können gewöhnlich zweimal am Tag – bei Tagesanbruch und bei Sonnenuntergang – oder auch nur anläßlich bestimmter religiöser Feste stattfinden. Manchmal, wie es bei den *Kagyüpa*-Mönchen häufiger der Fall ist, gehen die Oboenstücke denen für die Langtromepten voraus; in einigen *Gelugpa*-Klöstern verhält es sich genau umgekehrt. Das abwechselnde Spielen dieser Musiken kann eine Gesamtzahl von neun Stücken ergeben. Oft setzen die Instrumente, die das zweite oder das vierte Stück spielen, ein, ehe das vorhergehende Stück zu Ende ist, und schaffen so eine Art Polyphonie, die lediglich von der Übereinanderschichtung der beiden Stücke herrührt.

In einigen Fällen wie im Kloster von Ganden Chöpel Ling wird die Ausführung der Oboenstücke auf dem Dach des Klosters begleitet vom Meditieren des musizierenden Mönchs über einen Text, der mit der gespielten Musik im Zusammenhang steht. In gleicher Weise muß der Mönch, der das *Gandi* spielt, ein hölzernes Schlaginstrument mit Signalfunktion, das als heilig gilt, während seines Spiels über religiöse Wahrheiten meditieren. Auch die Muschelhornspieler müssen gelegentlich im stillen ein Gebet sprechen, während sie spielen, um die Mönche in den Zeremoniensaal zu rufen.

Die unmittelbare Verknüpfung außermusikalischer Elemente mit der eigentlichen Ausführung der Musik hängt eng mit dem symbolischen Aspekt der hier untersuchten Musik zusammen.

Symbolik

Symbolik spielt in der tibetischen Musik eine vorrangige Rolle; sie zeigt sich nicht nur in den verschiedenen Klangqualitäten der Instrumente, sondern auch in ihrem Aussehen, ihrer Verwendung und darin, welchen Gottheiten sie zugeordnet sind.

Zur Klangqualität gehört auch der Aspekt der Klangnachahmung. In den Klöstern Gyütö und Gyüme imitieren die von den Langtrompeten abwechselnd gespielten beiden Töne des mittleren bzw. hohen Registers das Trompeten eines Elefanten. Im Kloster von Pepung wurde durch den Klang eines kleinen Gongs (*Zo Ngur Ma*) das Brüllen eines Tieres nachgeahmt, das eine Kreuzung zwischen einem Yak und einer Kuh (*Zo*) darstellt. Beiläufig sei erwähnt, daß im letzteren Fall ein autochthoner Ursprung zutage tritt, während im ersteren indische Einflüsse zu erkennen sind. Hinzugefügt sei noch, daß, obwohl wir bei unseren Forschungen auf keinerlei Übereinstimmung stießen, der Klang der Langtrompeten für die mongolischen Lamas das Röhren des Hirsches nachahmte, während der Klang der Oboen ihrer Meinung nach die Stimme des *Galattingga*, eines mythischen Vogels der Inder[21], wiedergab.

21. Vgl. J. Van Oost, "La Musique chez les Mongols des Urdus", in *Anthropos*, X–XI, 1915–1916, S. 391.

Neben diesem imitierenden Aspekt können einige Töne bestimmter Musikinstrumente, ja sogar deren Klangfarben verschiedene Bedeutung haben. Um die Mönche in den Gebetssaal zu rufen, spielen die Muschelhörner oft drei lange Töne. Im Kloster von Ganden Chöpel Ling bedeuten diese Töne "Die Zeremonie beginnt gleich", "Alles ist bereit", "Kommt!". Im gleichen Kloster hat ein Stück der Langtrompeten geheimen Charakter, da in seinen Tönen der Name einer Gottheit enthalten ist, den man nur bei bestimmten Gelegenheiten aussprechen darf. Bei gewissen Zeremonien und zu genau festgelegten Augenblicken werden einige Töne der Kurztrompeten mit magisch-religiösen Silben in Verbindung gebracht, die darin "enthalten" sind und auf die der ausführende Mönch sich während des Spiels berufen muß. Bisweilen drückt der am Ende eines orchestralen Zwischenspiels im tiefen Register der Langtrompete gespielte Ton den Segen bestimmter Gottheiten aus. Im tibetischen Totenbuch, dem *Bardo Thödol*, werden die Klangfarben der Instrumente den innerlichen Tönen des Yoga[22] gleichgestellt, die nur ein in der Meditationspraxis sehr weit fortgeschrittener Lama zu hören vermag. In einigen Klostertraditionen symbolisiert der Klang der Langtrompeten die Stimme einer Gruppe von aggressiven Gottheiten, wogegen der Klang der Oboen der Stimme friedliebender Gottheiten entspricht und die *Rölmo*-Becken Schwingungen aussenden, die sowohl zur einen wie zur anderen Gruppe von Gottheiten gehören. Die Klangfarbe der kleinen Becken (*Ting Sha*) symbolisiert schließlich die Welt der Töne.

22. Vgl. W. Y. Evans-Wentz, Hrsg. *Le Bardo Thodol Livre des Morts tibétain.* Paris: Adrien Maisonneuve, 1958, S. 109, Anmerkung 3.

Was nun die Symbolik im äußeren Erscheinungsbild der Instrumente betrifft, müssen die Glocke und die aus zwei Schädeldecken gefertigte Sanduhrtrommel genannt werden. Das erstere Instrument stellt, senkrecht von oben betrachtet, ein *Mandala* dar, das heißt eine geometrische Figur, die einen Aspekt der Welt symbolisiert. Auch den Verzierungen kommt eine symbolische Bedeutung zu, was auch für die Zeichnungen gilt, die bisweilen im Innern der Glocken eingraviert sind. Darüber hinaus symbolisiert dieses Instrument die Weisheit oder das Wissen (im Sanskrit *Prajña*, im Tibetischen *Sherap*) und gleichzeitig die heilige Macht des Wortes. Bei der sanduhrförmigen Trommel, die aus zwei an ihrem Scheitelpunkt zusammengefügten Schädeldecken besteht, symbolisieren diese das Erwachen der Schlange *Kundalini*, das heißt der alles erschaffenden Lebensenergie.

Beim Gebrauch der Musikinstrumente symbolisiert die Tatsache, daß die meisten von ihnen paarweise gespielt werden, die Untrennbarkeit der Weisheit oder des Wissens von der Methode oder dem Mittel (Sanskrit *Upaya*, tibetisch *Thap*), zwei eng miteinander verbundene, wechselseitig abhängige Elemente auf dem Weg zur Karma-Befreiung aus dem Kreis von Ursache und Wirkung, wobei erstere dem Weiblichen Prinzip, letztere dem Männlichen Prinzip entspricht. Symbolisch ist auch das auf Seite 42 erwähnte Händeklatschen. Das rituelle Klatschen entspricht in der Tat der Verbindung zwischen der durch die Linke symbolisierten Weisheit und der Methode, die durch die rechte Hand symbolisiert wird. Schließlich gilt es noch die Tatsache zu erwähnen, daß jeder Lama gleichzeitig mit der Glocke oft einen Kultgegenstand benutzt, dem eine außerordentlich große Bedeutung zukommt: das *Dorje*, wörtlich 'Diamant' oder 'Blitz'. Es besteht aus zwei Teilen, die in bezug auf einen Mittelpunkt symmetrisch angeordnet sind und von denen jeder durch Radien gebildet wird, die jeweils an ihren Enden miteinander verbunden sind. Während durch die Glocke die Weisheit symbolisiert wird, symbolisiert das *Dorje* die Methode, wobei die unerläßliche Einheit zwischen Weisheit und Methode dadurch besonders betont wird, daß ein und derselbe Lama beide Gegenstände oft gleichzeitig benutzt.

Symbolik beeinflußt sogar die Zusammensetzung des Orchesters, da auch sie durch das Verhältnis bestimmt wird, das zwischen gewissen Instrumenten und den ihnen zugeordneten Gottheiten besteht.

Im tibetischen Pantheon gibt es zwei große Kategorien von Gottheiten, die wir bereits erwähnten: die friedfertigen Gottheiten (*Zhiwa*) und die kämpferischen und schreckenerregenden Gottheiten (*Tragpo*). Die Hauptaufgabe der letzteren besteht in der Verteidigung der Glaubenslehre und in der Ausrottung der feindlichen und bösen Geister; auch werden sie oft als die Gottheiten bezeichnet, "die die Religion beschützen" (Sanskrit *Dharmapāla*, tibetisch *Chökyong*). Ein Teil der Musikinstrumente ist nun der letzteren Gruppe von Gottheiten, der andere Teil den friedliebenden Gottheiten zugeordnet. Den "Beschützern der Religion" sind die Kurztrompete und die *Rölmo*-Becken, den friedlichen Gottheiten die Oboen, das Muschelhorn und die *Silñen*-Becken zugeordnet. Die Langtrompeten und die Trommeln können dagegen mit der einen oder anderen Gruppe von Gottheiten in Verbindung gebracht werden. In einigen Klostertraditionen sind auch die Trommeln den "Beschützern der Religion" zugeordnet, während die Oboen sowie die Glocke und die kleine sanduhrförmige

Trommel je nach den Umständen entweder der einen oder der anderen Gruppe von Gottheiten zugeordnet werden können.

Diese symbolische Aufteilung der Instrumente erklärt zum Teil die Orchestrierung der Zeremonien. Wenn man sich im Gebetstext zum Beispiel an eine friedliche Gottheit wendet, werden nur Instrumente verwendet, die ihr zugeordnet sind, und umgekehrt, wenn ein "Beschützer der Religion" angerufen wird, spielt man nur diesem gehörende Instrumente. Jedoch können bisweilen auch beide Gruppen von Gottheiten angerufen werden; in diesem Fall, der freilich seltener vorkommt, beteiligt sich das vollständige Orchester an der Ausführung der Musik.

Selbst bestimmte Töne oder Kombinationen von Tönen, die den verschiedenen melodischen und rhythmischen Formeln entsprechen, können mit der einen oder anderen Gruppe von Gottheiten in Verbindung gebracht werden. Daraus geht hervor, wie sehr die tibetische rituelle Musik nicht nur in ihrer instrumentalen Zusammensetzung, sondern auch in bestimmten Aspekten ihrer Struktur unmittelbar durch symbolische Faktoren beeinflußt wird.

Maskentänze

Manche Klöster besitzen eine Tradition ritueller Maskentänze – die sogenannten *Cham*, deren Choreographie innerhalb bestimmter Grenzen von Kloster zu Kloster abweichen kann und die ausschließlich von den Mönchen ausgeführt werden, vor allem anläßlich wichtiger Feste, zum Beispiel am Neujahrstag. Diese Tänze bezwecken die Vertreibung des Bösen, die gewöhnlich durch die rituelle Tötung einer kleinen Teigfigur dargestellt wird. Die Tänze dienen aber auch dazu, weltliche Zuschauer mit den Gottheiten vertraut zu machen, die oft, vor allem die "Beschützer der Religion", mit ihrem Gefolge auftreten. Diese Aufführungen umfassen ferner Zwischenspiele mit eindeutig komischen Charakter, aber auch Tänze wie den, der eine Anekdote aus dem Leben des großen Dichters und Heiligen Milarepa schildert. Figuren, die der Volksreligion angehören, können ebenfalls auftreten. Gewöhnlich stellt man aber nur eine Auswahl aus all diesen Tänzen zusammen.

Dank den mannigfachen Situationen und Charakteren und auf Grund der Originalität von Masken und Kostümen zeichnet sich eine *Cham*-Aufführung insgesamt durch Abwechslungsreichtum aus. Man sieht dort sehr bekannte und beliebte Tänze wie den der "Schwarzhüte" (*Zhanak*) oder den der Skelette aus dem Reich des "Herrn der Friedhöfe" (*Durthrö Dagpo*); Tiere, zum Beispiel ein Hirsch (*Shawa*) oder Affen (*Treu*) oder tierköpfige Gottheiten wie der "Schneelöwe" (*Sengi Dongchen*) oder der "Rabe" (*Jarok Dongchen*), treten ebenfalls auf sowie sehr beliebte Figuren wie die "Indischen Weisen" (*Atsara*) oder der "Weiße Greis" (*Thentong Gyalpo*).

Die Darbietung, bei der keine Bühne benötigt wird, beginnt mit einem Orchesterstück, das in Form eines feierlichen Umzuges auf dem für die Tänze vorgesehenen Platz ausgeführt wird oder auch im Hof des Klosters, wo sie stattfinden. Dieses Orchesterstück wird von den meisten Instrumenten gespielt, die auf Grund der bestehenden Klostertradition bei Prozessionen verwendet werden. Mit diesem Stück fordert man die Gottheiten auf, bei der Vorstellung anwesend zu sein.

Das Ensemble, das die Tänze selber begleitet, besteht häufig aus zwei Langtrompeten, zwei oder drei *Rölmo*-Becken und einem Paar Stieltrommeln. Die Oboen, die oft nicht zu diesem Ensemble gehören, nehmen jedoch an der Ausführung des Eingangsstückes teil. Die Kurztrompeten dienen vor allem für den Beginn der Tänze als Verständigungssignal zwischen Orchester und Tänzern.

Im Kloster von Pelgye Ling beruht die Musik dieser rituellen Maskentänze im wesentlichen auf zwei Becken-Formeln, die *Sum Dung* und *Gu Dung* heißen (vgl. S. 113 f.) und die mit den Trommeln und den Langtrompeten ausgeführt werden. Dem Spiel auf den letzterwähnten Instrumenten liegen bestimmte Töne zugrunde, deren Ausführung vorher festgelegt ist und die mit den Beckenschlägen in genaue Übereinstimmung gebracht werden. In den folgenden Transkriptionen sind diese Töne mit ihrem Namen bezeichnet.

Becken-Formel *Sum Dung:*

Becken-Formel *Gu Dung:*

Die Choreographie, die sich nach diesen melodischen und rhythmischen Formeln richtet, beruht bei den Kollektivtänzen darauf, daß alle Mönche die gleichen Bewegungen ausführen. Die Bewegungen, die den vier ersten Beckenschlägen der beiden vorstehend dargestellten Formeln entsprechen und die die Grundbewegungen der gesamten Choreographie dieser Klostertradition darstellen, sind folgende:

1. Schlag: die Arme auseinander, die Handflächen nach vorn geöffnet, dreht sich der Körper, ohne daß die Beine sich bewegen, nach rechts;
2. Schlag: die Hände auf den Oberschenkeln über den Knien, nehmen die Tänzer wieder ihre Ausgangsposition ein;
3. Schlag: die Arme sind angewinkelt, die Ellenbogen berühren den Körper, die Hände berühren die Schultern, die Handflächen sind nach vorn geöffnet; auf den Zehenspitzen wird der Körper sehr gerade gehalten;
4. Schlag: normale Stellung der Füße, Hände auf den Beinen oberhalb der Knie.

Die Einzelheiten der Choreographie sind, wie man sieht, sehr genau vorgeschrieben. Die gesamte Aufführung bis in alle Details ist übrigens in eigens dazu abgefaßten Büchern (*Cham Yig*) festgelegt, deren Autoren oft große Mönche sind, wie z. B. der Fünfte Dalai Lama.

Alle Mönche des Klosters müssen sich wenigstens mit einer Rolle an der Ausführung der Tänze beteiligen. Selbst die ganz jungen Novizen, die noch Kinder sind, übernehmen häufig die Rolle der Affen – zur großen Freude der Zuschauer. Der Leiter des Tanzes (*Cham Pön*) muß alle Tänze gründlich kennen, und zwar nicht nur theoretisch, und in sämtlichen Rollen viele Male selber mitgespielt haben. Dieses Amt wird genau wie das des Zeremonienmeisters oder des Leiters der Musik der Reihe nach von verschiedenen Mönchen übernommen.

Der Ursprung der Maskentänze ist wahrscheinlich in alten exorzistischen Tänzen der Ureinwohner zu suchen, die später unter den Einfluß des indischen Buddhismus geraten sein müssen.[23] Zur Zeit Marpas des Übersetzers (1012–1096), dem Lehrer von Milarepa, existierten diese Tänze bereits,[24] zumindest in der einen oder anderen Form. Die Überlieferung schreibt die Schaffung einiger dieser Tänze Chökyi Wangchug (1212–1273) zu.[25]

23. Vgl. R. A. Stein, "Le Théâtre au Tibet", in J. Jacquot, Hrsg., *Les Théâtres d'Asie*. Paris: Editions CNRS, 1968, S. 246.
24. Vgl. L. A. Waddell, *op. cit.*, S. 64, Amerkung 1.
25. Vgl. R. A. Stein, *La civilisation tibétaine*. Paris: Dunod, 1962, S. 157.

Ästhetik

Vom formalen Standpunkt besitzt die tibetische Sakralmusik, wie aus den Kapiteln über ihre strukturelle Organisation leicht ersichtlich sein wird, eine große Stileinheit, die unter anderem von der bemerkenswerten Ökonomie der eingesetzten Mittel herrührt. Symmetrie und Ausgewogenheit der Proportionen spielen in dieser Musik eine vorrangige Rolle, übrigens genau wie in der religiösen Malerei. Neben den sonstigen ästhetischen Aspekten der tibetischen rituellen Musik erscheinen als besonders interessant das Verhältnis zwischen der Vorstellung vom Schönen und dem Begriff des gut Gemachten, ferner die Werturteile, die Phänomenologie des musikalischen Schöpfungsprozesses, die Psychologie des Ausführenden, die Beziehung zwischen der musikalischen Ausführung und den Zuhörern, die Grundfunktion der Musik sowie das Wesen der musikalischen Sprache schlechthin.

In der religiösen Tradition Tibets wird das Fehlen einer Theorie des musikalisch Schönen, die sich auf einen mehr oder weniger homogenen Korpus von wechselseitig abhängigen Begriffen gründet, durch den Begriff des gut Gemachten ersetzt, der an die gewissenhafte Befolgung der Regeln gebunden ist und von dem die Qualität der musikalischen Ausführung abhängt. Zweifellos steht die Idee vom musikalisch Schönen in unmittelbarer und umfassender Beziehung zur kultischen Musik als solcher, da dieser ein göttlicher Ursprung beigelegt wird. Ihre transzendentale Bedeutung ist daher unbestritten. Daraus folgt, daß kritische Werturteile über die Musik theoretisch nicht denkbar sind und vergleichende Begriffe in keinem Fall verwendet werden können. Dagegen ist es möglich, die musikalische Ausführung einer Kritik zu unterziehen. Während die Musik von einem Lama geschaffen wurde, der die höchste geistige Stufe erreicht hat, hängt ihre Ausführung lediglich von den Mönchen ab, die in diesem Zusammenhang einer kritischen Würdigung unterzogen werden dürfen.

Eine gute musikalische Ausführung besteht nicht nur in der genauen Befolgung aller Regeln und Vorschriften – dies würde nur einer korrekten Ausführung entsprechen –, sondern zeichnet sich vor allem durch das musikalisch-technische Verständnis der Spieler aus, wie es beispielsweise zum Ausdruck kommt in der Präzision eines Einsatzes, der Homogenität eines Crescendos, der Genauigkeit eines Accelerandos, dem Gleichklang von paarweise gespielten Instrumenten, ferner im exakten Verhältnis zwischen den verschiedenen Partien, sogar in der Qualität der Klangfarbe und schließlich auch in der Geschicklichkeit der Oboespieler, sich beim Zusammenspiel mit dem übrigen Orchester so untereinander abzustimmen, daß sie nicht auf einem hohen Ton enden, was normalerweise nicht als angenehm gilt. Hier handelt es sich um Aspekte einer musikalischen Ausführung, die durchaus einer kritischen Wertung unterzogen werden können. Dies erklärt auch, warum begabte Musiker innerhalb der verschiedenen Religionsgemeinschaften sich eines gewissen wenn auch begrenzten, jedoch tatsächlich vorhandenen Rufes erfreuen oder auch warum ein bestimmtes Kloster, beispielsweise das von Namgye Tratshang, wegen seiner makellosen Musizierpraxis berühmt ist.

Einen Komponisten im westlichen Sinne des Wortes gibt es in dieser Tradition nicht. Schöpfer der Musik ist derjenige, der gelegentlich neue Gebete und Zeremonien ersinnt, bei denen die Musik nur einen integrierenden Bestandteil bildet. Während theoretisch alle Mönche eine neue Zeremonie schaffen können, ist es in der Praxis immer nur ein "inkarnierter" Lama von hohem geistlichem Rang, der in seinen Meditationen mit den höchsten Daseinsebenen in Verbindung steht. Von diesen bezieht er den ersten Entwurf neuer Texte und neuer Musiken,[26] der dann im Laufe der Jahre von anderen qualifizierten Lamas ausgearbeitet wird. Es handelt sich also um eine zeitliche Kollektivarbeit, die die Tradition entstehen läßt und die sich gleichzeitig ständig auf sie bezieht. In der neugeschaffenen Musik werden in der Tat strenggenommen lediglich die traditionellen Formen und Formeln wieder aufgegriffen; infolgedessen beschränkt sich der Schaffensprozeß letztlich auf minimale Varianten oder auf eine abweichende Aneinanderreihung vorgegebener Modelle. Auf diese Weise wird die Kontinuität einer Tradition gewährleistet, in der die schöpferische Individualität, so wie sie heute verstanden wird, faktisch keine Bedeutung hat und praktisch unberücksichtigt bleibt, denn die Hauptfunktion dieser Individualität besteht lediglich darin, höhere Wahrheiten aufzuzeigen. In

26. Vgl. ebd., S. 235.

diesem Zusammenhang ist der einzelne nur ein Mittler mit dem Auftrag, die Tradition weiterzugeben.

Innerhalb der Schaffung einer neuen Zeremonie besteht das eigentliche Komponieren also nicht im Erfinden melodischer, rhythmischer oder orchestraler Spielfiguren, sondern vielmehr in der Organisation der unterschiedlichsten Formeln, die die Grundstruktur der diversen musikalischen Partien in einer bestimmten Klostertradition ausmachen. Die Wahl dieser Formeln wie auch die Zusammensetzung des Orchesters beruht zunächst auf ihrem Symbolgehalt und auf der Zuordnung der Musikinstrumente zu bestimmten Gottheiten. Diese Symbolik und diese Zuordnung stellen für den "Komponisten" einen völlig objektiven Bezugspunkt dar und legen – abgesehen von vorgegebenen Sequenzen melodisch-rhythmischer Formeln – den Bereich, in dem er schöpferisch tätig sein kann, genau fest. Die Rolle der persönlichen Auswahl ist folglich erheblich eingeschränkt. Die Modalitäten dieser Auswahl sowie die zugrunde liegenden psychologischen, geistigen und gegebenenfalls emotionalen Faktoren sind bisher noch nicht erforscht; das gleiche gilt für andere Aspekte des Phänomens "Komposition", wie beispielsweise die musikalische Phantasie und deren Bezug zur Arbeit des Aneinanderreihens instrumentaler Formeln. Stellt sich der Mönch das klangliche Resultat vor? Wird dieses Ergebnis als wichtig angesehen? Nimmt der Mönch innerhalb der durch die Tradition gesteckten Grenzen und möglicherweise mit der Sorgfalt, die für die künstlerische Arbeit in anderen Kulturkreisen oftmals typisch ist, Änderungen bzw. Verbesserungen an seinen ersten musikalischen Aufzeichnungen vor?

Zwischen dem “Komponisten” und dem Ausführenden steht der Komponist von Stücken für die Oboe. Hier handelt es sich stets um einen renommierten Spieler oder einen bedeutenden Lama, der die Spielweise des Instruments gut kennt. Der Komposition liegen häufig Varianten eines vorher existierenden Stückes zugrunde; auch müssen in ihnen stets alle überlieferten formalen Prozesse oder Vorschriften berücksichtigt sein, die für die Oboenstücke innerhalb einer bestimmten Klostertradition charakteristisch sind.

Bei dieser musikschöpferischen Tätigkeit gilt es jedoch festzuhalten, daß das Komponieren, sofern sich dieser Begriff überhaupt anwenden läßt, nur eine gelegentliche Tätigkeit darstellt, die ausschließlich im größeren Rahmen der religiösen Aktivitäten gesehen werden muß.

Es kann auch vorkommen, daß Mönche, die für ihre musikalische Erfahrung bekannt sind, den Verlauf der Melodielinie eines Oboenstückes geringfügig ändern oder sogar eine kurze Passage daraus weglassen, wie es beispielsweise im Kloster von Shedup Chökor Dargye Ling der Fall war. Bisweilen stoßen solche Neuerungen auf Ablehnung, und das betreffende Stück wird in seiner ursprünglichen Form wiederhergestellt. Mitunter werden die Veränderungen aber auch akzeptiert. Im ersteren Fall begründen die Mönche ihre einhellige Meinung damit, daß derartige Neuerungen nur dem Wunsch des Musiker-Mönchs entsprangen, seine Persönlichkeit auf Kosten der Tradition in den Vordergrund zu stellen, während im zweiten Fall die Gemeinschaft der Mönche anerkennt, daß die vorgenommenen Modifikationen eng an die Tradition anknüpfen. Die beiden ineinandergreifenden Grundprinzipien, auf sie sich das Urteil der Klostergemeinschaft stützt, sind einmal das geistliche Ansehen des Mönchs, der die Neuerung einführen will, und zum anderen das Niveau und die Offenkundigkeit seiner musikalischen Erfahrung. Die Gemeinschaft dient also in diesem Fall als Hüter traditioneller Formen und Wertvorstellungen. Daß die Veränderung von ihrem Schöpfer so dargeboten wird, als sei er dazu aus Gründen des musikalischen Geschmacks angeregt worden, ist höchst unwahrscheinlich. Der Erneuerer selber greift ständig auf die Tradition zurück: Durch die von ihm vorgeschlagene Änderung wird das fragliche Stück lediglich in seiner ursprünglichen Form wiederhergestellt, oder sie stellt eine genaue Reproduktion der Ausführung des betreffenden Stückes durch einen bekannten Musiker-Mönch dar, den der Erneuerer früher einmal persönlich gehört hat . . . Derartige Änderungen, die insgesamt ziemlich selten sind, beziehen sich im allgemeinen nur auf Details der Ausführung: So wird beispielsweise durch Weglassen bestimmter Töne der Klang der Oboe homogener und sanfter.

Während bis heute noch unbekannt ist, an welchen Gesichtspunkten sich das Problem der musikalischen Berufung orientiert, so läßt sich doch feststellen, daß begabte Musiker als solche erkannt und ihre musikalischen Neigungen mitunter schon in frühester Jugend entdeckt werden. Diese Novizen sind nach allgemeiner Auffassung moralisch dazu verpflichtet, ihre musikalische Ausbildung fortzusetzen und zu einem Abschluß zu bringen, sei es, weil die Götter eine bessere Ausführung mehr zu schätzen wissen, sei es, um ihre musikalischen Kenntnisse weiterzugeben und so die Tradition zu wahren.

Im allgemeinen äußert sich dieser Hang zur Musik durch die Vorliebe für ein bestimmtes Instrument, vor allem für die Oboe oder die Langtrompete. Ich selber habe einen jungen begabten Oboespieler gekannt, der seine Vorliebe für die Musik, die er spielte, ebenso offen eingestand wie das geringe Interesse, das er Musik auf anderen Instrumenten entgegenbrachte. In diesem Zusammenhang sei auch der Fall eines Novizen erwähnt, der insgeheim und aus reinem Vergnügen die Langtrompete spielte. Diese Neigung zu einem bestimmten Instrument zeigt sich im Laufe der musikalischen Entwicklung des Novizen an der Leichtigkeit, mit der er die Melodien bzw. die verschiedenen Formeln lernt und behält und sie korrekt ausführt. Solche Merkmale gelten als sicheres Zeichen einer verborgenen Begabung; sie kann sich aber auch durch das Interesse und die Freude äußern, welche der angehende Musiker beim Spielen auf seinem Instrument empfindet. Das Element der Freude und des Vergnügens ist eines der psychologisch bedingten Merkmale des begabten Musikers, das freilich, wie noch zu zeigen sein wird, in einem gewissen Gegensatz zu den religiösen und moralischen Gegebenheiten steht.

Die musikalische Begabung des Mönches läßt sich an der Qualität seines Spiels erkennen, worunter natürlich auch eine gleichwertige Beherrschung der Technik verstanden wird. Bei der Oboe äußern sich solche Qualitäten durch die Fähigkeit des Spielers, die spezielle Atemtechnik, die dieses Instrument erfordert, über lange Zeit mühelos anzuwenden – eine Möglichkeit, die auf musikalischer Ebene einer kontinuierlichen Klanghomogenität entspricht –, wie auch durch die Ausgewogenheit zwischen der Erzeugung des Tons und dessen Höhe, ferner in der richtigen Ausführung der Acciaccaturen, in einem korrekten Fingersatz, in einem ruhig und ohne Hast dahinfließenden Spiel und schließlich sogar in der Qualität des Klanges, der gleichzeitig laut und dennoch sanft sein muß.

Die Frage nach den Beziehungen zwischen musikalischer Ausführung und Zuhörerschaft stellt sich auf drei verschiedenen Ebenen. Laien und weltliche Besucher, die gelegentlich an den Zeremonien teilnehmen, begnügen sich damit, die Formen der Sakralmusik als solche zu akzeptieren, ohne gewöhnlich eine innere Beziehung zu ihr zu entwickeln.

Auf einer anderen Ebene besteht das Publikum ausschließlich aus Mönchen. Für diejenigen Mönche, die kein Musikinstrument spielen, genügt es, daß die Ausführung der Stücke korrekt ist, obwohl sie eine besonders sorgfältige Ausführung durchaus zu würdigen wissen. Was die übrigen Mönche betrifft, dürfen sie die musikalische Ausführung einer kritischen Betrachtung unterziehen, die sich aber nur auf technische Gesichtspunkte erstreckt.

Die dritte Ebene dieser Beziehungen zwischen musikalischer Ausführung und Zuhörern liegt in einer strenggenommen metaphysischen Dimension, denn in eben dieser Gattung ist die dritte Kategorie von Zuhörern angesiedelt: die Götter selber. An sie ist die Musik gerichtet, sie sind es letztlich, die ein Urteil über die Ausführung abgeben. Der Grad, in dem die Musik von den Gottheiten gewürdigt wird, steht also in einem direkten Verhältnis zur Qualität der Ausführung.

Aus diesem Umstand ergeben sich zahlreiche Folgerungen. Auf Grund der Bedeutung, die der musikalischen

Ausführung als solcher beigemessen wird, nimmt diese, wenn man so will, eine bevorzugte Stellung gegenüber der eigentlichen Musik ein, die man theoretisch als eine nicht zustande gekommene musikalische Ausführung betrachten kann. In der Tat ist die Musik bei den Ritualen nicht unbedingt notwendig; gegebenenfalls können die Zeremonien sogar ohne instrumentale Beteiligung stattfinden, mit Ausnahme der Glocke, die das Symbolinstrument par excellence darstellt. Doch wenn eine solche Beteiligung von Instrumenten erfolgt, ist die musikalische Ausführung gleichfalls ein für die Götter bestimmtes Opfer, das als solches zumindest korrekt sein muß; doch darüber hinaus entspricht der gesteigerten Qualität ein um so höherer Wert. Dadurch ist zu erklären, daß in einigen großen Klöstern, zum Beispiel in dem von Pepung, die Musik einer Zeremonie schon am Vorabend eines bedeutenden Festes einstudiert und geprobt zu werden pflegt.

Aus dieser Vorrangigkeit der musikalischen Ausführung gegenüber der eigentlichen Musik ergibt sich, daß die praktische Verwirklichung, die ja an den Begriff des gut Gemachten gebunden ist, nicht als eine Beziehung zwischen den einzelnen Tönen wahrgenommen, sondern unmittelbar nach der Qualität des Klanges beurteilt wird. Nicht, daß die Bedeutung dieser Beziehung unterschätzt wird, aber die Hauptsorge des musikbegabten Mönchs gilt der kontinuierlichen Klangqualität; die Art und Weise, wie die verschiedenen Töne miteinander verknüpft sind, gilt als gut, wenn dadurch dem Klang des Instruments die ständige Beibehaltung der angestrebten Qualitäten ermöglicht wird. Liegt hier vielleicht der Grund für die oft aus nebeneinanderliegenden Tonstufen aufgebauten Melodien, die das Spiel der Oboen kennzeichnen? Ob eine bestimmte Stelle in einem Stück für Oboen neu gestaltet werden soll, hängt nicht von der Qualität der Melodie ab, sondern wird einzig und allein aus Sorge um die Qualität des Klanges entschieden: Durch Verändern einiger Töne wird der Klang der Oboe besser und kontinuierlicher. Diese Bedeutung des Klanges an sich ist in Zusammenhang mit der altindischen Philosophie zu sehen, die von der buddhistischen und der Yoga-Tradition fortgesetzt wurde und der zufolge der Klang nicht nur göttlichen Ursprungs ist, sondern ihm auch eine starke schöpferisch-magische Kraft innewohnt. Es herrscht die Auffassung, daß die Klänge der religiösen Musik, richtig ausgeführt, im Sinne des Karma die Saat künftiger guter Taten auf der Welt verbreiten, oder anders ausgedrückt, daß sie letztlich zur Befreiung aus dem Kreis von Ursache und Wirkung beitragen.

Eine gute musikalische Ausführung erfüllt demnach zwei Funktionen: Einmal ist sie ein für die Götter bestimmtes Opfer, zum anderen leistet sie einen Beitrag zum Heil aller Menschen. Die erstere dieser Funktionen spiegelt sich in traditionellen theoretischen Abhandlungen wider, die jedoch nicht immer völlig mit den Erfahrungen der Musizierpraxis im Sinne einer Freude am "Musizieren" übereinstimmen. Diese theoretische Auffassung gibt in der Tat eine bindende Antwort auf die Frage nach dem Sinn und Zweck der Musik und läßt diesbezüglich keinen Zweifel zu: "Die Musik wird keineswegs für uns ausgeführt, sondern ausschließlich für die Götter."[27] Die Freude und Befriedigung, die der

27. Information, die der Autor von dem hochehrwürdigen Khetsun Dubpa Wangpo erhielt. Vgl. auch P. Crossley-Holland, The Music of the Tantric Rituals . . .".

Ausführende empfindet, dürfen nie aus dem Spielen der Musik abgeleitet werden, sondern nur aus dem Bewußtsein, daß die Musik sich an die Götter wendet oder an jemanden, der in unmittelbarem Kontakt mit ihnen steht, zum Beispiel an einen Lama von hohem geistlichem Rang. Freude und Genugtuung dürfen nur als geistige Eigenschaften gesehen werden. Der Grund für eine schlechte musikalische Ausführung ist vor allem psychologischer Natur: Der Spieler widmet den Ursachen, die seinem Musizieren zugrunde liegen, nicht genügend Aufmerksamkeit. Die musikalische Aufmerksamkeit muß sich also auf die religiöse Aufmerksamkeit stützen und sich sozusagen mit ihr vermischen.

Die psychologische Einstellung der Spieler hält sich, wie wir gesehen haben, nicht immer strikt an die Theorie. Ohne den Hauptzweck der Musik im geringsten in Zweifel zu ziehen, versichern musizierende Mönche häufig, daß die Musik auch für die Menschen ausgeführt wird, und zwar nicht nur in dem bereits erwähnten Sinne des Karma, sondern einfach zu ihrem eigenen Vergnügen. Die beiden Aspekte einer solchen Dichotomie sind aber vielleicht gar nicht so widersprüchlich, sondern eher als Ergänzung aufzufassen: So wie die symbolischen Elemente nicht nur mit der Musik selber vereinbar sind, sondern zur Bestimmung ihrer Struktur beitragen, scheinen auch die beiden divergierenden Anschauungen – die eine praktischer, die andere theoretischer Art – sich im Sinne einer Fortsetzung der Tradition gegenseitig zu ergänzen. Der Musiker, der vor allem und im Grunde seines Wesens Mönch bleibt, erlebt die Musik mit den unterschiedlichen Modalitäten des Nichtmusikers, der die Musik in erster Linie im allgemeinen Kontext der religiösen Wahrheiten sieht.

Wenn man bedenkt, daß jede künstlerische Äußerung einen Bruchteil der Wirklichkeit spiegelt, mag die Realität, die diese Musik darstellt, einzigartig erscheinen. Nicht nur, daß letztere sich von außermenschlichen Seinsebenen herleitet, sie wird auch an eben diese Seinsebenen zurückgegeben: Kraft ihres im Grunde außerirdischen Wesens ist die Musiksprache des tibetischen Buddhismus folglich eine Himmelssprache. Dies überrascht nicht: In zahlreichen traditionellen Gesellschaften, mag es sich nun um sogenannte Hoch- oder Primitivkulturen handeln, stammen die Formen der Kunst vor allem von einer außerirdischen Seinsebene her, zu der die letztlich gehören.

Musikinstrumente

Die Musikinstrumente des tibetischen Buddhismus sind ausschließlich Blas- und Schlaginstrumente oder – nach der instrumentenkundlichen Terminologie – Aerophone, bei denen der Ton durch das Schwingen einer Luftsäule erzeugt wird; Membranophone, deren Klangerzeuger eine gespannte Membran oder Haut ist, und Idiophone, bei denen der Ton durch die Schwingungen des Instrumentenkörpers selber erzeugt wird. Saiteninstrumente oder Chordophone finden ausschließlich in der weltlichen Musik Verwendung.

Im folgenden sind nur solche Instrumente aufgeführt, die wir selber gesehen haben oder die uns beschrieben wurden.

Aerophone

1. *Dung Kar* heißt ein Muschelhorn, das aus einer natürlichen Muschel besteht, deren Anblasloch eine kleine Öffnung an der Spitze des Kegels ist. Bisweilen verwendet man ein Mundstück aus Metall.

Dieses Instrument kann auf verschiedene Weise verziert sein, je nach dem, wie reich das Kloster ist, dem es gehört. Gelegentlich sind auf dem gewölbten Teil eine

Blume mit sechs oder acht Blütenblättern sowie einfache geometrische Muster eingeritzt; auch können an dem der Anblasöffnung entgegengesetzten Ende zahlreiche lange Bänder in den fünf traditionellen Farben befestigt sein. Mitunter ist die Muschel zwischen zwei Platten aus ziseliertem Silber eingeschlossen, in denen Türkise und Korallen eingelassen sind.

Das *Dung Kar* wird bei religiösen Zeremonien und bei Prozessionen verwendet; außerdem hat es eine wichtige Signalfunktion: Man spielt das Instrument, um die Mönche in den Zeremoniensaal zu rufen oder um andere Tageszeiten besonders hervorzuheben. Früher fand es auch für meteorologische Riten Verwendung und wurde dann auf dem Dach des Klosters gespielt.

Muschelhörner werden paarweise verwendet; die musikalischen Partien der beiden Instrumente sind identisch und werden gleichzeitig oder abwechselnd gespielt, im letzteren Fall in der Weise, daß die Kontinuität des Klanges gewährleistet ist.

2. Das *Kang Ling*

a) Eine Kurztrompete, die aus einem ausgehöhlten Menschenknochen besteht. Bisweilen ist um eines der Enden des Instruments ein Mundstück aus Metall angebracht, während das andere Ende mit Lederbändern umwickelt sein kann, in die Türkise und Korallen eingeflochten sind. Der mittlere Teil ist manchmal mit einem zusammengerollten Faden umwickelt.

b) Eine Kurztrompete aus Kupfer oder Silber, in die ein ausgehöhlter Menschenknochen eingearbeitet ist. Die silberne Trompete ist gelegentlich mit Goldeinlagen

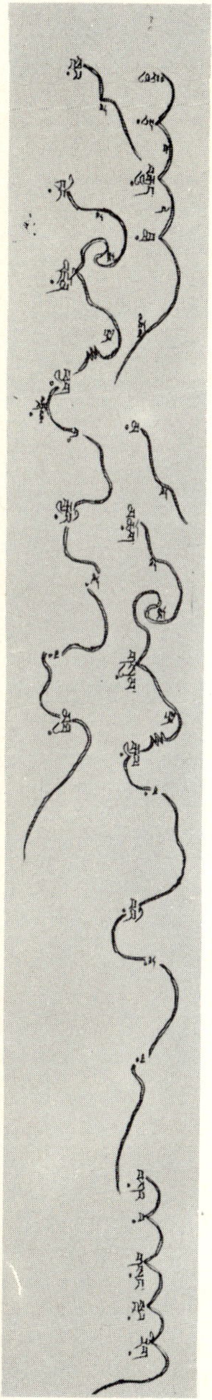

← Abb. 1: Vokalnotation. Kloster von Namgye Tratshang (vgl. S. 131) (aus der Sammlung des Autors)

Abb. 2: → Notation für die Langtrompeten. Kagyüpa-Klöster von Bodhnāth und Swayambhunāth (vgl. S. 148) (aus der Sammlung des Autors)

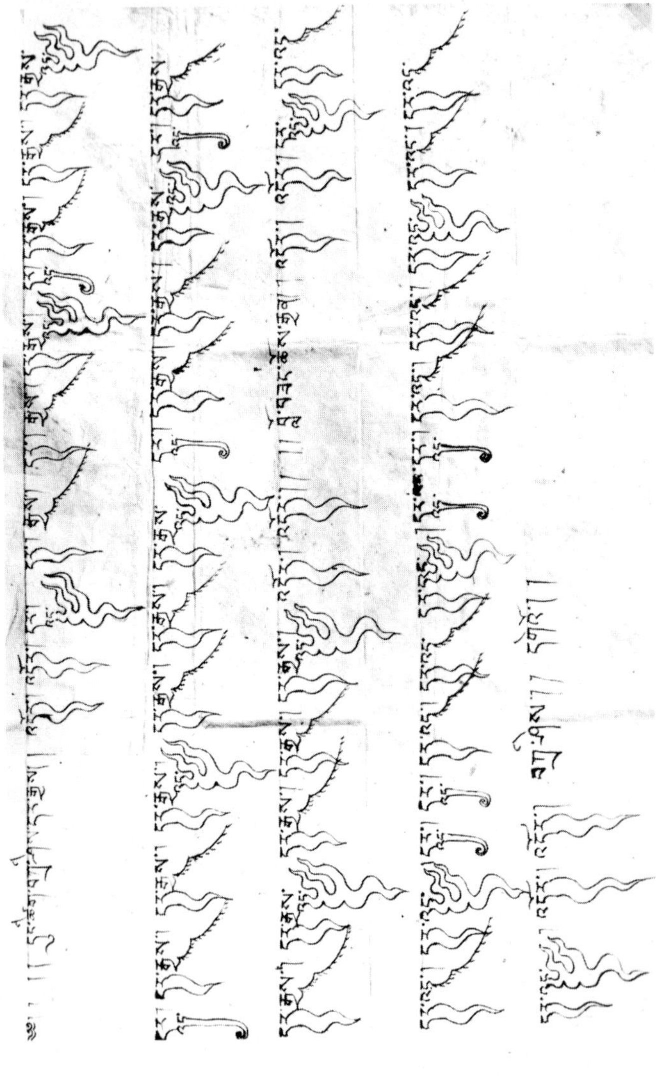

↑ *Abb. 3: Notation für die Langtrompeten. Kloster von Ganden Chöpel Ling (vgl. S. 148) (aus der Sammlung des Autors)*

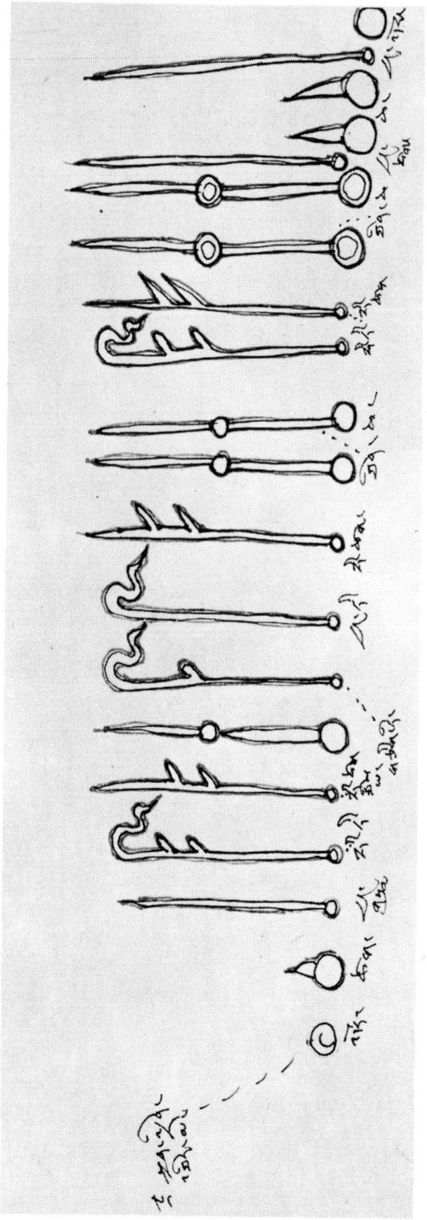

Abb 4: →
Notation für die Langtrompeten. Kloster von Namgye Tratshang (vgl. S. 149) (aus der Sammlung des Autors)

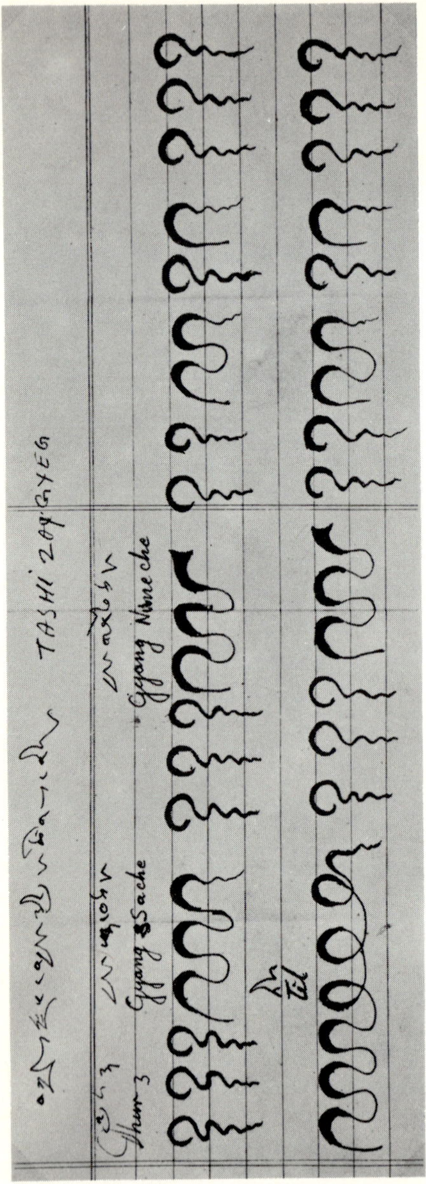

← *Abb. 5:*
Notation für die Lang
trompeten. Sakyapa-
Kloster von Bodhnāt
(vgl. S. 149) (aus der
Sammlung des Autor

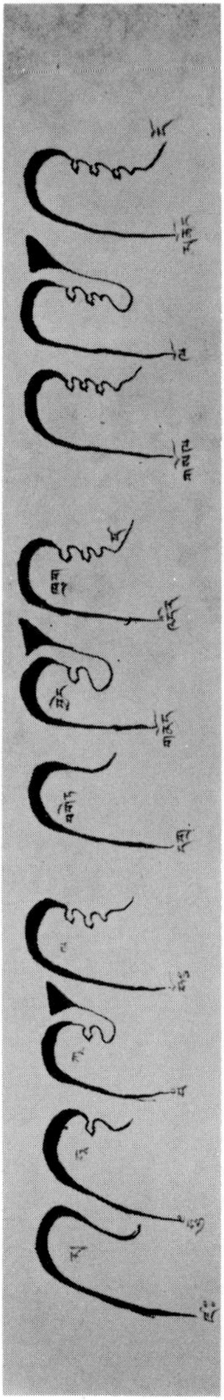

Abb. 6 →
Notation für die Kurztrompeten.
Kagyüpa-Klöster von Bodhnāth
und Swayambhunāth (vgl. S. 150)
(aus der Sammlung des Autors)

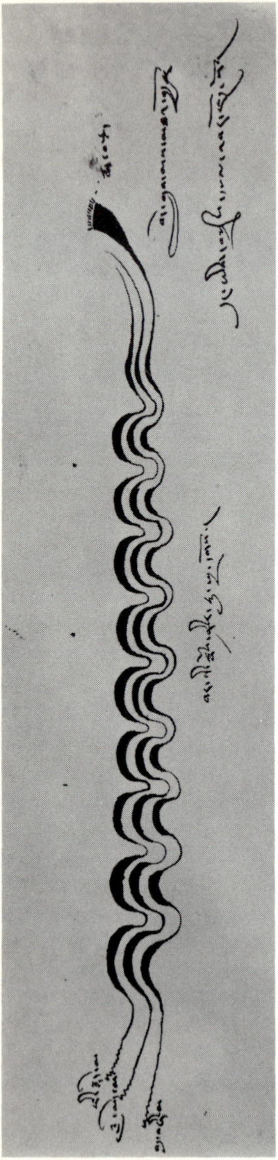

← *Abb. 7:*
Notation für die Muschelhörner. Kagyüpa-Klöster von Bodhnāth und Swayambhunāth (vgl. S. 150) (aus der Sammlung des Autors)

Abb. 8: →
Vokalnotation. Kloster von Ganden Chöpel Ling (aus der Sammlung des Autors

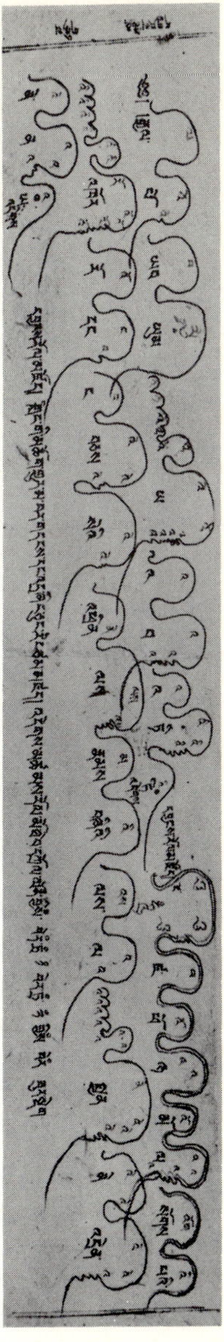

↑ *Abb. 9: Stein mit eingemeißelter magisch-religiöser Formel (Photo: Ivan Vandor)*

Abb. 10: →
Das Orchester des Klosters von Namgye Tratshang bei der Prozession (Photo: Ivan Vandor)

↑ *Abb 12: Wandermönch mit Damaru und Glocke*

← *Abb. 11*
Zwei Paare ineinanderschiebbarer Langtrompeten aus dem Kloster von Pelgye Ling, wobei die kleinen Instrumente in auseinandergezogenem und zusammengeschobenem Zustand, die großen Trompeten jedoch nur in zusammengezogenen Zustand dargestellt sind (Photo: Ivan Vandor)

↑ *Abb. 14:*
Das Kloster von Serkong Rinpoche (Photo: Ivan Vandor)

← *Abb. 13:*
Das Kloster von Tengboche (Photo: Ivan Vandor)

↑ *Abb. 16:*
Mönche aus dem Ñingmapa-Kloster von Dedra Dun beim Spiel auf der Gya Ling (Photo: Manfred Junius)

← *Abb. 15:*
Mönch mit Rölmo-Becken (Photo: Ivan Vandor)

↑ *Abb. 17:*
Gya Ling Spieler (Photo: Manfred Junius)

Abb. 18: →
Zwei Mönche, die auf der Terrasse des Klosters von Ganden Chöpel Ling auf der Gya Ling spielen (Photo: Ivan Vandor)

↑ *Abb. 19:*
Mönche mit Kurztrompeten aus Metall (Photo: Manfred Junius)

↑ *Abb. 20:*
Aus zwei menschlichen Hirnschalen bestehende sanduhrförmige Trommel (aus der Sammlung des Autors)

↑ *Abb. 21:*
Sanduhrförmige Trommel (Photo: Staatliches Institut für Musikforschung Preußischer Kulturbesitz, Musikinstrumenten-Museum, Berlin)

Abb 22: →
Sanduhrförmige Trommel (Photo: Staatliches Institut für Musikforschung Preußischer Kulturbesitz, Musikinstrumenten-Museum, Berlin)

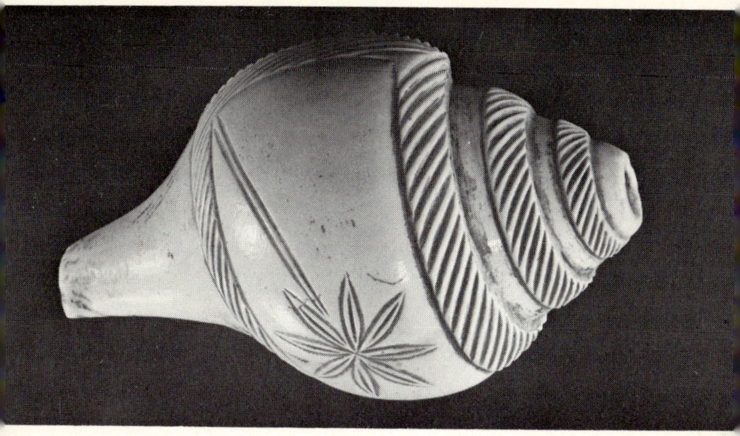

↑ *Abb. 24:*
Muschelhorn (aus der Sammlung des Autors)

← *Abb. 23:*
Mönch aus dem Ñingmapa-Kloster von Dedra Dun, der eine Hängetrommel schlägt (Photo: Manfred Junius)

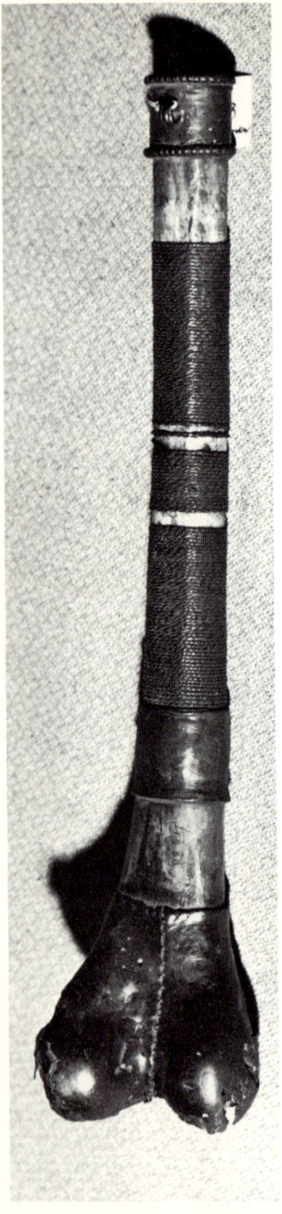

← *Abb. 25:*
Kurze Knochentrompete (Photo: Manfred Junius)

Abb. 26: →
Kurztrompete aus einem Oberschenkelknochen (aus der Sammlung des Autors)

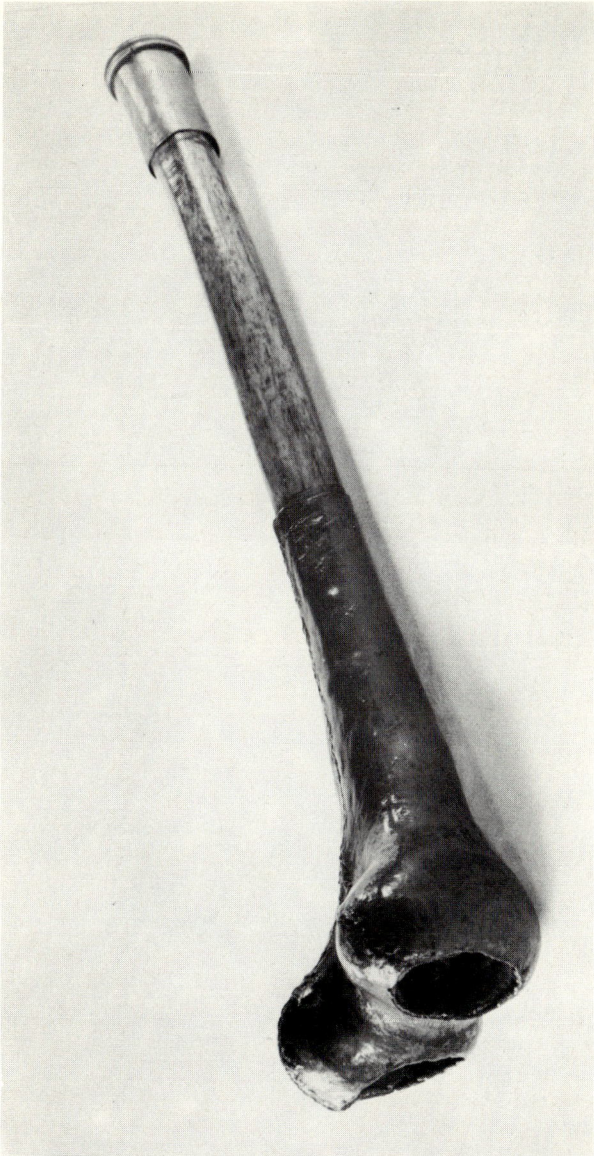

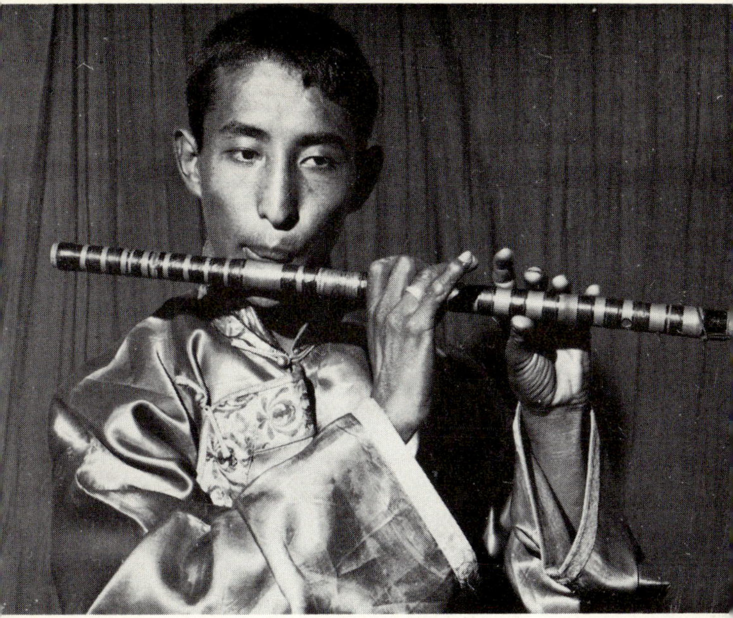

↑ *Abb. 28:*
Die Flöte The Ling, die manchmal im Kloster von Pepung Verwendung findet (Photo: Manfred Junius)

← *Abb. 27:*
Auf dem Dach des Klosters von Ganden Chöpel Ling während der Ausführung von Stücken für Langtrompete und Oboen. Die Oboenspieler warten auf ihren Einsatz (Photo: Ivan Vandor)

↑ *Abb. 29:*
Junger Mönch mit Glocke und kleiner sanduhrförmiger Trommel (Photo Manfred Junius)

Abb. 30: →
Mönch des Klosters von Gyütö, der mit dem Gong (Khar Nga) die Mönche in den Gebetssaal ruft (Photo: Ivan Vandor)

↑ *Abb. 32:*
Zwei Gestalten aus den rituellen Maskentänzen (Photo: Ivan Vandor)

← *Abb. 31:*
Mönche des Klosters von Gyütö während einer Zeremonie im Freien (Photo: Ivan Vandor)

↑ *Abb. 33:*
Tonaufnahme während einer Zeremonie im Sakyapa-Kloster in Bodhnāth (Photo: Ivan Vandor)

verziert; die kupferne weist dagegen mitunter Verzierungen aus Silber auf. Der Schallbecher erinnert an den Kopf eines Meerungeheuers, seine Öffnung ist als Fischmaul gestaltet.

c) Wie das vorbeschriebene Instrument, doch ohne eingearbeiteten Knochen.

d) Eine Kurztrompete aus Horn, an die ein Mundstück und ein Schallbecher aus Kupfer angesetzt sind.

Das *Kang Ling* aus Knochen wird während des *Chö*-Rituals und in einigen Klostertraditionen während der Zeremonien für die Schutzgottheiten der Religion bzw. der Glaubenslehre (*Chökyong*) verwendet, bei denen es an bestimmten Stellen – der Anrufung und Austreibung böser Geister – allein gespielt wird. In den meisten Klöstern bedient man sich jedoch bei den gleichen Zeremonien des Instruments aus Metall. Auch für Prozessionen und Umzüge findet das metallene Instrument Verwendung. Das *Kang Ling* aus Tierhorn wird dagegen nur im Verlauf bestimmter Kulthandlungen des *Gelugpa*-Mönchsorden gespielt.

Ausgenommen beim *Chö*-Ritus, den nur ein einziger Mönch ausführt, wird dieses Instrument paarweise gespielt und auch die musikalischen Partien der beiden Instrumente sind identisch; das Instrument aus Metall wird auch in identischen Paaren gefertigt. Die beiden Instrumente werden im allgemeinen gleichzeitig, mitunter auch abwechselnd gespielt.

3. Das *Dung Chen* – auch *Rag Dung, Dung Mar* oder *Zang Dung* genannt – ist eine Trompete aus Kupfer oder Silber, deren Länge mehr als vier Meter betragen kann. Das Instrument aus Silber ist oft mit Gold verziert. Wenn das *Dung Chen* nicht gespielt wird, lassen sich seine drei

Rohrteile ineinanderschieben. Auf Grund des Gewichts und der Länge des *Dung Chen* wird der Schallbecher während des Spiels im Gebetssaal auf dem Erdboden oder einem kleinen Holzgestell abgestützt, während bei Prozessionen das Instrument von einem Mönch gehalten wird. Das schalenförmig ausgebildete Mundstück ist der Länge des Instruments angepaßt.

Das *Dung Chen* findet bei allen Arten von Zeremonien sowie bei Prozessionen Verwendung. Darüber hinaus besitzt es ein eigenes Repertoire, dessen Stücke auf dem Terrassendach des Klosters abwechselnd mit Oboenstücken gespielt werden. Mitunter, wie im Kloster von Gyütö, wird das Instrument auch verwendet, um die Mönche anläßlich bestimmter Feste in den Gebetssaal zu rufen.

Das *Dung Chen* muß paarweise gespielt werden – auch werden jeweils zwei identische Instrumente gefertigt. Die musikalischen Partien der beiden Instrumente sind identisch und werden gleichzeitig oder abwechselnd aufgeführt. Im letzteren Fall greift das Spiel auf beiden Instrumenten derart ineinander, daß die Kontinuität des Klanges gewährleistet bleibt. Die Klöster von Gyütö und Gyüme bilden allerdings eine Ausnahme: In diesen Klöstern besteht das alternierende Spiel der beiden Instrumente lediglich in einem Ton des mittleren und einem Ton des hohen Registers.

4. Das *Gya Ling* ist ein Instrument mit doppeltem Rohrblatt, was unsere Bezeichnung als Oboe entschuldigen mag. Das Korpus aus Holz ist konisch ausgebildet und besitzt sieben, im gleichen Abstand angeordnete Grifflöcher sowie ein achtes Loch für den Daumen. Das Schallstück besteht aus Kupfer oder Silber. Eine am

Mundstück angebrachte Metallscheibe dient dem Spieler zum Abstützen der Lippen. Je nach der Tradition des Klosters kann der Schallbecher dieser Oboenart drei Hauptformen aufweisen: ziemlich kurz und in seinem Mittelteil ausgebaucht; verhältnismäßig lang und mit sehr großer Öffnung, oder auch lang, aber in Form eines Tulpenkelchs.

Zur Verzierung des Instruments dienen Ringe, die zwischen den Grifflöchern sitzen und mit blauen und roten Steinen versehen sind; oft sind in die Ringe Türkise und Korallen eingelassen. Das silberne Schallstück kann mit Gold verziert sein.

Das *Gya Ling* wird bei religiösen Zeremonien und Prozessionen verwendet sowie auf dem Dach des Klosters, wo Stücke aus dem Repertoire dieses Instruments abwechselnd mit Stücken für die Langtrompeten gespielt werden.

Abgesehen von einigen Prozessionen, bei denen ein einziger Spieler den Zug anführt, muß das *Gya Ling* paarweise musiziert werden; auch wird es in identischen Paaren hergestellt. Die musikalischen Partien der beiden Instrumente stimmen stets überein und werden gleichzeitig ausgeführt.[28]

Zu diesen gebräuchlichen Blasinstrumenten gesellen sich noch weitere, die in großen Klöstern wie in denen von Pepung, Sera, Ganden und Drepung bei sehr wichtigen religiösen Festen Verwendung finden. Die drei letzt-

28. Das Ergebnis unserer Untersuchungen deckt sich nicht mit der von P. Crossley-Holland angegebenen Einteilung, nach der die beiden musikalischen Partien der Oboen in einen melodischen und einen ornamentalen Teil gegliedert sind. Vgl. P. Crossley-Holland, "rGya-Gling Hymns . . .", S. 83 und 106.

genannten Klöster sind im Besitz der drei folgenden Instrumente, während die übrigen Instrumente im Kloster von Pepung gespielt wurden, allerdings nur außerhalb des Gebetssaales.

5. Das *Ser Ling* ist ein *Gya Ling* aus reinem Gold oder wird aus einer Goldlegierung hergestellt, die das hölzerne Korpus des üblichen Instruments umkleidet.

6. Das *Ngül Ling* ist ein *Gya Ling* aus Silber.

7. Das *Zang Ling* ist ein *Gya Ling* aus Kupfer.

8. Das *Kar Ling* ist eine Trompete aus Kupfer oder Silber, die kleiner ist als das *Dung Chen* und deren Teile nicht ineinanderschiebbar sind. Während des Spiels wird das Instrument etwas nach oben gerichtet.[29]

9. Das *Bu Phak* ist ein kleineres *Dung Chen*, das im allgemeinen aus Kupfer besteht und ein ausgebauchtes Schallstück aufweist.[30]

10. *The Ling* heißt eine Querflöte aus Holz, die sieben im gleichen Abend angeordnete Grifflöcher sowie ein achtes Loch für den Daumen aufweist und zur Familie der weltlichen Instrumente gehört.

29. Eine Abbildung, auf der dieses Instrument möglicherweise dargestellt ist, findet sich in L. A. Waddell, *op. cit.*, S. 17.

30. Die zeichnerische Darstellung des *Kar Ling* und des *Bu Phag*, die man bei G. Tucci, *op. cit.*, S. 160 findet, deckt sich überhaupt nicht mit der Beschreibung, die uns gegeben wurde. Es ist aber wohl nicht auszuschließen, daß verschiedene, geringfügig voneinander abweichende Ausführungen dieser Instrumente existieren. Bei H. A. Jäschke, *op. cit.*, S. 404 wird das *Bu Phag* fälschlicherweise als 'bassoon' bezeichnet, aber die Beschreibung des Schallbechers ("large and nearly globular bell-mouth") kommt der Schilderung Tuccis recht nahe.

11. Schließlich sei noch ein Instrument erwähnt, dessen Name bisher nicht identifiziert werden konnte. Es handelt sich um eine Langtrompete in einer anderen, riesig dimensionierten Trompete, die den Klang auf eindrucksvolle Weise verstärkt.

Membranophone

1. *Nga*

Dieser Begriff bezeichnet drei verschiedene Arten von zweifelligen Trommeln unbestimmter Tonhöhe:

a) Eine in einem Rahmen aufgehängte Trommel, deren Durchmesser die Größe eines Mneschen erreichen oder sogar noch größer sein kann und die man mit einem oder zwei Schlegeln zum Erklingen bringt. Dieses Instrument heißt auch *Nga Chen.*

b) Eine kleiner dimensionierte Stieltrommel, die entweder am Griff festgehalten wird oder an der Decke aufgehängt ist. Das Instrument wird mit Hilfe eines biegsamen, sichelförmigen Stocks gespielt und wird gelegentlich auch als *Lag Nga* oder *Nga Chung* bezeichnet.

c) Eine tonnen- bzw. faßförmige Trommel, die man mit einem oder zwei Schlegeln bearbeitet.

Der hölzerne Resonanzkasten dieser Instrumente weist oft geschnitzte oder gemalte ornamentale Motive auf, und die beiden Felle, die traditionell aus Pferdehaut bestehen, sind häufig grün eingefärbt. Vielfach ist bei den Instrumententypen (a) und (b) in der Mitte des Fells das Zeichen des "Glücklichen Kreisjuwels" (*Norbu Gakhyil*) aufgemalt.

Diese Trommeln finden bei allen Zeremonien Verwendung, und zwar zusammen mit dem Orchester, oder – in Verbindung mit den Becken – zur rhythmischen Begleitung bestimmter Partien der Rezitation. Im Zeremoniensaal können die Trommeltypen (a) und (b) oder (b) und (c) verwendet werden. Bei Prozessionen wird jedoch nur die Stieltrommel benutzt.

2. *Damaru*

a) Eine kleine sanduhrförmige Trommel aus Holz mit Anschlagkügelchen und von unbestimmter Tonhöhe; die oft grün eingefärbten Felle bestehen traditionell aus Schlangen- oder Eidechsenhaut. Am eingeschnürten Teil sind häufig lange, mit den fünf traditionellen Farben bestickte Bänder befestigt. Im Gebetssaal wird das Instrument im allgemeinen nur vom Abt des Klosters gespielt.

b) Ein dem vorbeschriebenen ähnliches Instrument, dessen Holzkörper jedoch mit Gold belegt ist. Ein solches Instrument besitzt beispielsweise der Abt des Klosters von Tengboche.

c) Eine größere Ausführung, die aber sonst in allen Punkten dem unter (a) beschriebenen Instrument gleicht; sie wird im *Chö*-Ritus sowie von den Wandermönchen verwendet.

3. *Thö Dam* heißt eine mit Anschlagkügelchen versehene sanduhrförmige Trommel, deren Korpus aus zwei im Scheitel miteinander verbundenen menschlichen Hirnschalen besteht. Gemäß der tantrischen Tradition müssen die beiden Hirnschalen zwei Menschen verschiedenen Geschlechts gehört haben. Das Instrument wird bei bestimmten Zeremonien einiger Klostertradi-

tionen vom obersten Lama, aber auch bei manchen geheimen Riten umherziehender Tantrismus-Anhänger verwendet.

Idiophone

1. Unter *Rölmo* wird ein Paar verhältnismäßig dicker, mit Halteriemen versehener Becken verstanden, mit leicht aufgebogenem Rand und einem zentralen Buckel, der etwa der Hälfte des Gesamtdurchmessers entspricht. Die Abmessungen der Becken schwanken: Die kleineren finden vor allem in Privathäusern Verwendung, in die die Mönche sich im Auftrag begeben, während die größeren bei den rituellen Maskentänzen (*Cham*) gespielt werden.

Gewöhnlich ist das *Rölmo* im Innern des Buckels rot bemalt; das Instrument wird sowohl im Zeremoniensaal als auch während der Prozessionen verwendet. Während des Spiels werden die Becken waagerecht gehalten; das Zusammenschlagen erfolgt also durch eine senkrechte Bewegung.

2. *Silñen* heißt ein Paar Becken, die im Gegensatz zum *Rölmo* nicht so schwer und so dick sind und sich durch einen helleren Ton auszeichnen. Jeder Beckenteller besitzt einen Mittelknauf, der als Griff dient und im Innern oft rot ausgemalt ist. Dieses Instrument wird sowohl im Gebetssaal als auch bei Prozessionen verwendet. Während des Spiels werden die Becken fast senkrecht gehalten, so daß das Zusammenschlagen zwangsläufig durch eine waagerechte Bewegung erfolgt.

3. *Tribu*

a) Es handelt sich um eine Handglocke, deren Stiellänge der Gesamtlänge des Instrumentenkorpus entspricht. Auf ihrer Außenseite sind symbolische Zeichen eingeritzt, die sich aber auch auf der Innenseite befinden können. Lediglich geweihte Lamas dürfen das Instrument spielen.

Dieses Instrument findet bei sämtlichen Kulthandlungen, bei privaten Andachten sowie bei einigen Prozessionen Anwendung. Seine Funktion ist nicht ausschließlich musikalischer Natur – mitunter hält man das *Tribu* während der Ausführung der rituellen Gesten (Sanskrit *Mudra*, im Tibetischen *Chagya*) lediglich in der Hand; weil es sich dabei um einen Kultgegenstand handelt, ist es das einzige Musikinstrument, das für die Riten unentbehrlich ist.

b) Eine Abart gleichen Namens besteht in einem Instrument, das in der Form mit dem vorbeschriebenen identisch ist, dessen Maße aber die Größe eines Menschen übertreffen. Diese Glocke wird mit Hilfe eines Hammers gespielt.

4. *Ting Sha*

a) Instrument aus zwei kleinen, ziemlich dicken Metallscheiben mit einem kleinen Buckel in der Mitte. Die beiden kleinen Becken sind miteinander durch eine Schnur verbunden. Man spielt das *Ting Sha*, indem man den konvexen Teil der Scheiben nach oben gekehrt hält und die Ränder der Scheiben durch eine waagerechte Bewegung behutsam gegeneinanderschlägt. Das Instrument wird nur bei bestimmten Zeremonien verwendet. Die beiden Metallscheiben haben eine definierte Tonhöhe und erzeugen mikrotonale Klangunterschiede, die gewöhnlich nicht über einen Halbton hinausgehen.

b) In einigen ärmeren Klöstern wird eine der Scheiben durch einen kleinen Stab ersetzt, mit dem man gegen die andere Scheibe schlägt.[31]

5. *Khar Nga* heißt eine Art Gong von mittleren Abmessungen. Oft ist der Rand rechtwinklig zurückgebogen, manchmal besitzt der Gong in der Mitte einen Buckel. Man hält das Instrument mit Hilfe einer Schnur, die an zwei Stellen des Instrumentenrandes befestigt ist, oder der Gong ist – wie im Kloster von Tengboche – an einer Art Gerüst im Hof aufgehängt. Der Gong wird mit einem Filzschlegel angeschlagen. Häufig besteht der Kopf des Schlegels nur aus stark zusammengepreßtem Stoff. Dieser Gong hat eine Signalfunktion, wird aber auch bei Prozessionen verwendet. Im ersteren Fall werden vor dem Gong *Khar Nga* vielfach die Muschelhörner gespielt.

6. *Ting Ting* heißt eine Metallscheibe, die kleiner ist als die des *Khar Nga*, aber die gleiche Funktion hat.

7. *Gandi* ist ein verhältnismäßig dickes, im Mittelteil eingezogenes Holzbrett, das in drei verschiedenen Abmessungen existiert. Das Instrument hat sakralen Charakter und wird mit einem relativ kleinen Holzstück in Form einer Acht angeschlagen. Man benutzt das *Gandi*, um die Mönche zu besonderen Anlässen zusammenzurufen, um das Ableben eines hochstehenden Lamas bekanntzugeben oder um dem Hagel Einhalt zu

31. Vgl. L. A. Waddell, *op. cit.*, Abbildung auf Seite 492.

gebieten. Wir haben das Instrument lediglich im Kloster von Gyütö beobachtet.[32]

8. Ein Behelfsinstrument als Ersatz für das riesige *Tribu* findet im Kloster von Ganden Chöpel Ling Verwendung. Es besteht aus einer etwa einen Meter langen Eisenstange, die mit einem Hammer angeschlagen wird.

9. Obwohl es sich nicht um ein Musikinstrument im eigentlichen Sinne handelt, verdient die riesige Gebetsmühle (*Mani Dunkhor*) von Dharamsāla hier genannt zu werden, da beim Drehen die beiden seitlich hängenden Glöckchen in Schwingung geraten. Der Tonhöhenabstand dieser Glöckchen beträgt annähernd einen Halbton.

Die drei folgenden Instrumente wurden im großen Kloster von Pepung verwendet.

10. Das *Zo Ngur Ma* ist ein kleines *Ting Ting*, das sehr starke und sehr rasche Schwingungen hervorbringt. Das Instrument wird bei bestimmten religiösen Festen außerhalb des Zeremoniensaales gespielt.

11. Das Instrument *Thang Nga* stammt ursprünglich aus China und besteht aus fünf relativ leichten Metallscheiben mit verschiedenem Durchmesser. Die Scheiben sind in einem Stielrahmen befestigt und werden mit einem Metallstab gespielt.[33] Dieses Instrument wird nur während bestimmter religiöser Feste verwendet.

32. Zum indischen Ursprung dieses Instruments vgl. C. Marcel-Dubois, op. cit., S. VI und 147–149. Zur Zeit der Veröffentlichung dieses Werkes war das Instrument noch nicht identifiziert worden. Weitere Einzelheiten dazu findet man bei I. Vandor, "The Gandi: A Musical Instrument of Buddhist India Recently Identified in a Tibetan Monastery" in *The World of Music*, 1, 1975.

33. Ein ähnliches, aber aus neun Metallscheiben bestehendes Instrument wird von G. Tucci, *op. cit.*, S. 160 beschrieben.

Zusammengesetzte Instrumente

1. Das *Chö Nga* besteht aus einem kleinen Gong und einer kleinen Trommel, die in einem hölzernen Rahmen so dicht nebeneinander aufgehängt sind, daß man sie mit einem zwischen die Instrumente gehaltenen Stab abwechselnd spielen und somit einen Tremolo-Effekt erzielen kann. Das *Chö Nga* hat Signalfunktion.

Struktur der Instrumentalmusik: melodisch-rhythmische Formeln und individuelle Repertoires

Die instrumentalen Partien – mit Ausnahme der Oboenstücke, die, wie später gezeigt wird, auf etwas andere Weise gebaut sind – umfassen eine bestimmte Anzahl von mehr oder weniger komplexen melodisch-rhythmischen Formeln, die in verschiedenen Kombinationen zusammengefaßt werden.

Die Muschelhörner (Dung Kar)

Im allgemeinen liegt dem Spiel auf dem Muschelhorn ein Ton des mittleren Registers zugrunde, der zwischen C und Es der mittleren Oktave liegt. Manchmal besteht dieses Spiel aus einem langsamen Oszillieren zwischen diesem und einem benachbarten Ton (vgl. die Partie dieses Instruments in dem Orchesterspiel auf S. XX). Für das Spiel auf diesem Instrument werden drei Grundformeln verwendet: ein langer ununterbrochener Ton, der während des ganzen orchestralen Zwischenspiels erklingt, und drei oder neun lange Töne (*Sum Jok* bzw. *Gu Jok*), die unter den gleichen Umständen verwendet werden oder um die Mönche in den Zeremoniensaal zu rufen. Diese Töne können durch die Technik des kontinuierlichen Luftstroms miteinander verbunden werden. Im allgemeinen muß jeder Ton piano-crescendo-decrescendo-piano ausgeführt werden. Entweder setzt man mit dem Ton unmittelbar in der richtigen Tonhöhe ein oder man erreicht den Zielton erst durch ein Aufwärtsglissando, wie es in den Klöstern des *Kagyüpa*-Ordens oder im Kloster des *Ñingmapa*-Ordens von Tengboche der Fall ist. In den Klöstern des *Kagyüpa*-Ordens bzw. in dem des *Gelugpa*-Ordens von Namgye Tratshang geht dem ersten Ton mitunter ein kurzer Ton im tiefen Register voraus.

Die Kurztrompeten (Kang Ling)

Diese Instrumente verwenden nur einen einzigen Ton ihres mittleren Registers, der im allgemeinen zwischen dem mittleren Es und dem B eine Quinte darüber liegt. Innerhalb dieses Bereichs klingen die Knochentrompeten mit ihrem nasal gefärbten Ton heller als die aus Metall. Das Anblasen des Tons kann unmittelbar auf der entsprechenden Tonhöhe oder, wie in den Klöstern des *Ñingmapa*-Ordens, in Form eines Aufwärtsglissandos erfolgen. Die für dieses Instrument am meisten verwendeten Formeln bestehen entweder aus drei oder aus vier Tongruppen, die durch verhältnismäßig kurze Pausen voneinander getrennt sind. Die Art der Ausführung dieser Formeln hängt von dem jeweiligen Mönchsorden ab oder richtet sich nach der Klostertradition. Nachstehend sind diese Formeln aufgezeichnet. Es sei jedoch darauf hingewiesen, daß die Länge der Töne nur annähernd wiedergegeben ist, da sie innerhalb bestimmter Grenzen schwanken kann, und daß die Zahl der aufeinanderfolgenden Töne, denen eine Acciaccatura vorausgeht, ebenso unverbindlich ist wie die Zahl der Töne, die accelerando ausgeführt werden.

Aus drei Tongruppen bestehende Formeln (*Sum Bü, Sum Bep* bzw. *Sum Bö*).

Klöster des *Kagyüpa*-Ordens:

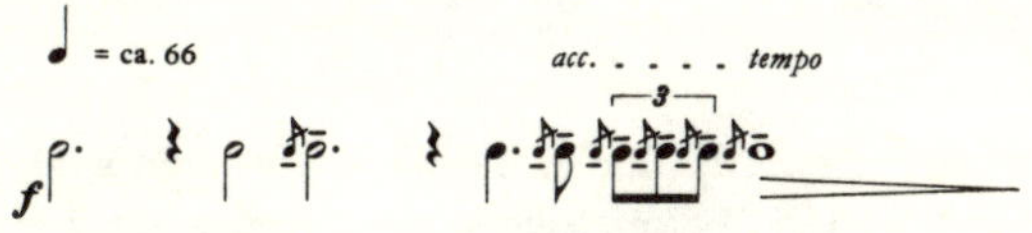

Klöster des *Ñingmapa*-Ordens:

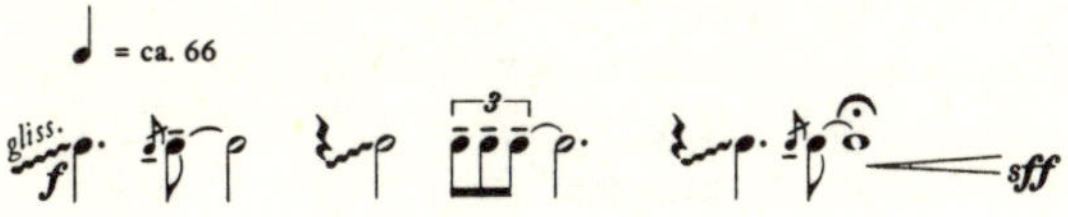

Kloster des *Gelugpa*-Ordens von Pelgye Ling:

Aus vier Tongruppen bestehende Formel (*Zhi Bü*, *Zhi Bep* bzw. *Zhi Bö*).

Klöster des *Kagyüpa*-Ordens (die eingeklammerten Noten können, müssen aber nicht gespielt werden):

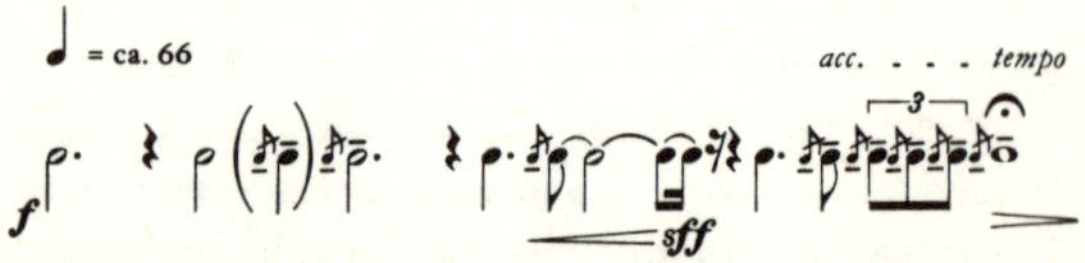

Klöster des *Ñingmapa*-Ordens:

Außer diesen Formeln, die die wichtigsten sind, gibt es noch andere, beispielsweise die Formel, die bei den *Kagyüpa*-Mönchen für einen bestimmten Teil einer Zeremonie verwendet wird und nach dem Namen dieses Teils benannt ist (*Sölkha Kang Ling*):

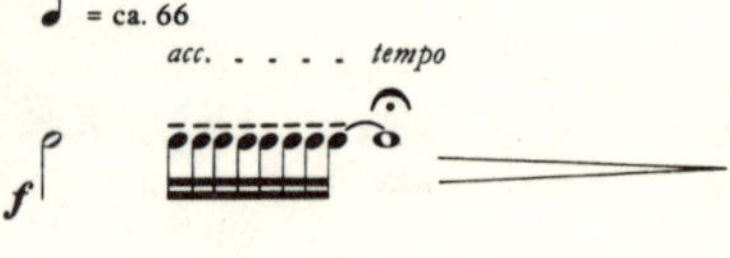

oder eine andere Formel, die in den gleichen Klöstern bei anderer Gelegenheit gespielt wird (*Dubapama Kang Ling*):

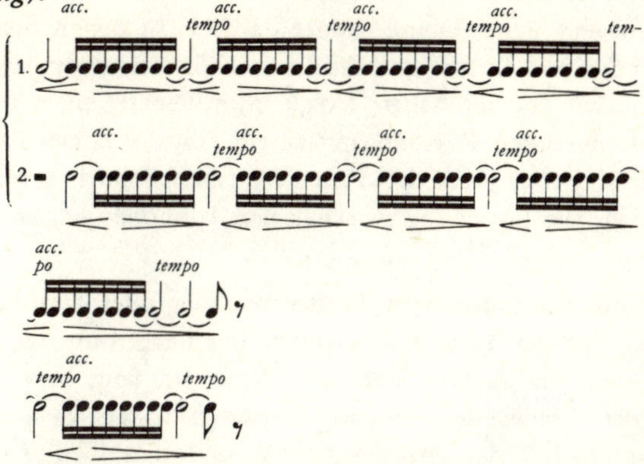

oder auch diese Formel, die von den Mönchen des *Ñingmapa*-Ordens im Kloster von Tengboche im Zusammenhang mit dem *Chö*-Ritual verwendet wird:

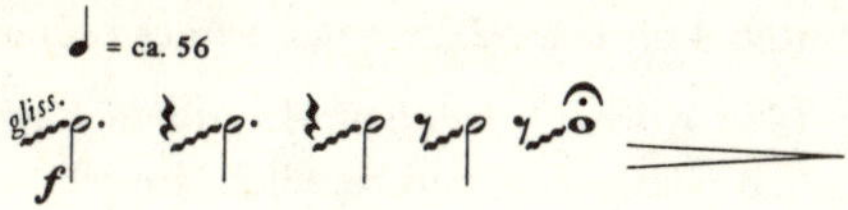

Die Langtrompeten (Dung Chen)

Dem Spielen auf diesen Instrumenten liegen drei Töne zugrunde, die jeweils zum tiefen, mittleren und hohen Register gehören. In der Hoffnung, wissenschaftliche Maßstäbe anlegen zu können, kann man sagen, daß der Ton des mittleren Registers sich etwa eine Oktave – bisweilen eine Quinte – über dem Ton des tiefen Registers befindet und daß der Ton des hohen Registers entweder etwa eine übermäßige Quarte bzw. eine Quinte oder aber eine ganze Oktave über dem Ton des mittleren

Registers gespielt wird.[34] Der Ton des tiefen Registers liegt im allgemeinen zwischen dem sehr tiefen E, das wir zwei Oktaven unter dem System des Baßschlüssels notieren und dem H eine Quinte darüber. In den Klöstern Gyütö und Gyüme besteht das Spiel der Langtrompeten, wie wir gesehen haben, lediglich im Wechsel eines Tons des mittleren Registers mit einem Ton des hohen Registers, wobei jeder der Töne von einem Mönch gespielt wird. Die Beziehung zwischen den Tonhöhen liegt nicht fest.

Im folgenden wird die Beschreibung oder Transkription einiger Töne bzw. Formeln der Langtrompeten gegeben; am Anfang steht der Name des Tons bzw. der Formel sowie der Name des Ursprungsklosters. Bisweilen treten bei der Ausführung ein und desselben Tones geringfügige Abweichungen auf, die auf traditionelle Konventionen hinsichtlich der Ausführung einer bestimmten Stelle in einem bestimmten Stück oder eines bestimmten Teils einer Zeremonie zurückzuführen sind.

Dor (alle Klöster). Der Ton des tiefen Registers, der gewöhnlich relativ kurz und ziemlich laut ist.

Chen Dor (Klöster des *Kagyüpa*- und bisweilen des *Ñingmapa*-Ordens) bezeichnet ein fortissimo gespieltes *Dor*, das wie eine Art Triller ausgeführt wird, indem man die Lippen und manchmal auch die Zunge gegen die Zähne schwingen läßt. Dadurch wird ein Ton erzielt, der noch tiefer als *Dor* klingt und dessen Höhe vom Ohr nicht immer wahrgenommen wird.

Kha Dor (die gleichen Klöster) ist ein *Dor*, das weni-

34. Das Verhältnis der aufsteigenden Oktav- und Quinteninter-valle bei den mongolischen Lamas war bereits Van Oost aufgefallen. Vgl. J. Van Oost, *op. cit.*, S. 391.

ger laut und kürzer als die vorbeschriebenen Töne ist und ohne Druck der Lippen gegen das Mundstück ausgeführt wird.

Gyang (die gleichen Klöster) oder *Gyang Sache* (*Sakyapa*-Klöster) bezeichnet den Ton des mittleren Registers, der oft sehr lange und piano-crescendo-forte-decrescendo-piano gespielt wird. Sein Einsatz besteht gewöhnlich in einem kurzen Aufwärtsglissando. Auf dem Crescendo-forte erhöht sich der Ton etwa um einen Halbton – bei den *Sakyapa*-Mönchen senkt er sich entsprechend –, um auf dem Decrescendo-piano zu seiner anfänglichen Tonhöhe zurückzukehren. Im Kloster von Namgye Tratshang ist dieser Ton relativ kurz, sforzato-crescendo-forte und begreift ein vorausgehendes kurzes *Dor* mit ein; im Kloster von Pelgye Ling erklingt er meist piano. Um die Klangkontinuität des langen Tons zu gewährleisten, atmen die beiden Ausführenden in allen Klöstern abwechselnd ein und aus.

Gyang Che (Klöster des *Kagyüpa*- und bisweilen des *Ñingmapa*-Ordens) bzw. *Gyang Namche* (*Sakyapa*-Klöster) heißt der relativ lange und piano-crescendo-sforzatissimo gespielte Ton des mittleren Registers. Auf dem letzten Abschnitt des Crescendos steigt der Ton um etwa einen Halbton an.

Wor oder *Wob* (*Kagyüpa*-Klöster) besteht in dem Ton des mittleren Registers. Er ist kürzer als *Gyang* und wird piano-crescendo-decrescendo-piano gespielt. Dem Crescendo entspricht ein kurzes Abwärtsglissando, dem sich auf dem Decrescendo unmittelbar ein Aufwärtsglissando anschließt, das den Ton auf seine ursprüngliche Höhe zurückführt. Das Glissando geht über ein Quartenintervall nicht hinaus.

Tsak (*Kagyüpa*-Klöster) entspricht ähnlich wie *Gyang* dem Ton des mittleren Registers, doch wird der Forte-Teil mit einem Triller ausgeführt, den der Spieler erzeugt, indem er die Zunge gegen die Zähne preßt. Im Kloster von Namgye Tratshang geht diesem Ton stets ein kurzes und forte, aber sonst normal ausgeführtes *Dor* voraus. Er ist verhältnismäßig kurz und wird forte-crescendo-sforzatissimo gespielt.

Shung (Kloster von Ganden Chöpel Ling) ist der Ton des mittleren Registers. Er erklingt lang und relativ piano und umfaßt Sforzato-Piano-Abschnitte, die einer kurzfristigen Erniedrigung des Tons um etwa einen Halbton entsprechen. Die beiden Spieler atmen abwechselnd ein und aus.

Ha (*Kagyüpa*-Klöster) bezeichnet den verhältnismäßig kurzen und piano-crescendo-forte gespielten Ton des mittleren Registers. Im Falle mehrerer aufeinanderfolgender und miteinander verbundener *Ha* atmen die Spieler abwechselnd ein und aus, um die Klangkontinuität der verschiedenen *Ha* zu gewährleisten.

Haa (die gleichen Klöster) entspricht dem relativ langen und piano-crescendo-sforzatissimo gespielten Ton des mittleren Registers. Im Kloster von Ganden Chöpel Ling wird dieser Ton relativ kurz und piano-sforzato subito-piano subito-crescendo ausgeführt. Auf Sforzato geht der Ton um etwa einen Halbton herunter. Im selben Kloster bezeichnet der Ausdruck *Dor-Haa* ein *Haa*, dem ein *Dor* vorausgeht.

Hang (Kloster von Namgye Tratshang) besteht in der Kombination folgender Töne:

Ñi Tsak (dasselbe Kloster) bezeichnet eine Kombination von Tönen, nämlich ein kurzes und forte gespieltes *Dor*, das mit zwei Tönen des mittleren Registers verbunden ist, die ihrerseits miteinander verbunden sind. Die beiden Töne werden piano-crescendo molto bzw. piano-crescendo molto-sforzatissimo ausgeführt.

Then Jor (Kloster von Pepung) entspricht dem Ton des mittleren Registers, der von den beiden Ausführenden im Wechsel gespielt wird und lange Töne umfaßt, in die kürzere Töne mit vorausgehenden Acciaccaturen eingeschoben sind, die durch Veränderung des Anblasdrucks ausgeführt werden:

Die beiden *Dung Chen:*

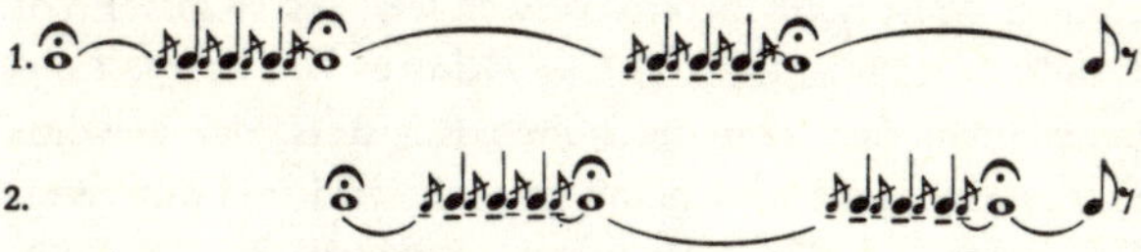

Gyün Bö (dasselbe Kloster) bezeichnet den sehr lange und piano gespielten Ton des mittleren Registers, bei dem der Kontinuität und Homogenität der Klangfarbe besondere Aufmerksamkeit geschenkt werden muß. Die beiden Ausführenden atmen abwechselnd ein und aus.

Tsak Thak (Kloster von Pelgye Ling) bezeichnet den verhältnismäßig kurzen und piano-crescendo molto-sforzatissimo ausgeführten Ton. Ihm liegt vom rhythmischen Standpunkt aus das Spiel der Becken zugrunde.

Twang (dasselbe Kloster) besteht in der Wiederholung von drei *Tsak Thak*.

Len Re (*Sakyapa*-Klöster) bezeichnet den Ton des mittleren Registers, der von den beiden Spielern mit wechselnder Lautstärke ausgeführt wird:

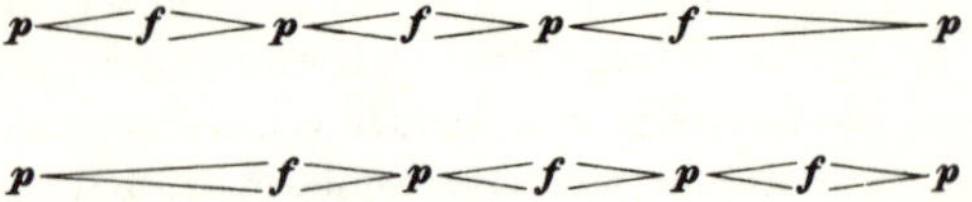

Ha Ha (Kloster von Pepung) heißt der Ton des mittleren Registers, der neunmal etwa auf folgende Weise wiederholt wird:

Tir (*Kagyüpa*- und *Sakyapa*-Klöster), *Til* (auch in einigen *Sakyapa*-Klöstern verwendet), *Ti* (Kloster von Ganden Chöpel Ling), *Ti Gye* (Kloster von Pelgye Ling) bezeichnen den Ton des hohen Registers, der gewöhnlich relativ lange und piano gespielt wird und mit einem Decrescendo endet. Manchmal wird dieser Ton auch forte gespielt oder er kann ein Crescendo-Decrescendo aufweisen. Wenn man in den *Sakyapa*-Klöstern mehrere *Tir* hintereinander spielt, wird ein Ton mit dem folgenden Crescendo-Sforzato-Decrescendo verbunden, bei dem der Ton um etwa einen Halbton ansteigt, um mit dem Decrescendo wieder auf seine ursprüngliche Höhe abzusinken. Im Kloster von Ganden Chöpel Ling geht dem *Ti* stets ein *Dor* voraus, dem sich der sehr kurz gespielte Ton des mittleren Registers anschließt.

Gyang Tir (*Kagyüpa*-Klöster) besteht aus einem *Gyang*, das mit dem Ton des hohen Registers verbunden ist und piano-poco crescendo-decrescendo ausgeführt wird.

Tsak Dung (Kloster von Ganden Chöpel Ling) bezeichnet den forte-crescendo-sforzatissimo gespielten Ton des hohen Registers.

Ñi Ti (Kloster von Namgye Tratshang) entspricht einer Kombination von Tönen, und zwar einem kurzen und starken, mit zwei Tönen des mittleren Registers verbundenen *Dor*; diese beiden Töne, von denen der letztere mit dem Ton des hohen Registers verbunden ist, werden piano-crescendo-piano ausgeführt.

Chig Ti (dasselbe Kloster) bezeichnet die vorerwähnte Kombination, doch nur mit einem Ton des mittleren Registers.

Gyang Ti (dasselbe Kloster) entspricht dem *Chig Ti*, doch ist der Ton des mittleren Registers länger.

Die Struktur der Stücke des Repertoires für die Langtrompeten beruht auf einer Auswahl dieser Töne und deren Kombinationen. Im folgenden ist die Reihenfolge der Formeln für zwei dieser Stücke angegeben sowie im Anschluß daran die entsprechende approximative Transkription. Das erste Stück gehört zur Tradition der *Kagyüpa*-Klöster sowie zu der einiger *Ñingmapa*-Klöster und trägt den Namen einer Gottheit: *Namse*. Das zweite Stück stammt aus dem Kloster Ganden Chöpel Ling und heißt *Trashi Dargye*; der Leser mag dieses Stück mit dessen Notation, Abb. 3, vergleichen. Bisweilen spielt man jedoch, wie im letzteren Fall, eine kürzere Fassung, als sie in der Notation angegeben ist; eine weitere Variante besteht darin, daß am Anfang drei Töne *Dor* gespielt werden, während in der Handschrift nur zwei angegeben sind.

"Namse": Dor, Wor, Gyang, Gyang Tir, Gyang, Wor, Gyang Che, Gyang, Wor, Gyang Che, Gyang, Wor, Gyang Che, Gyang, Wor, Tir, Gyang, Dor.

"Trashi Dargye": 3 Dor, Shung, 2 Dor-Haa, Dor, Shung, Dor, Ti, 2 Dor-Haa, Dor, Shung, Dor, Ti, 2 Dor-Haa, Dor, Shung, 2 Dor.

Die Stücke des Repertoires für die Langtrompeten beginnen und enden, wie aus den Beispielen ebenfalls ersichtlich ist, mit dem Ton des tiefen Registers, wobei man nie von diesem tiefen Ton zu dem des hohen Registers springt oder umgekehrt. Schließlich ist der Bau dieser Stücke oft als Aneinanderreihung symmetrischer Gruppen konzipiert: Im ersten Stück wird beispielsweise die Folge *Gyang, Wor, Gyang Che* vollständig dreimal und partiell viermal hintereinander wiederholt; im zweiten Stück spielt man fast dreimal hintereinander die Folge *2 Dor-Haa, Dor, Shung, Dor, Ti.*

Die Transkription dieser Stücke gibt nur eine der möglichen Ausführungen wieder, denn die Beziehung zwischen den beiden Spielern läßt, obwohl ihr die gleiche musikalische Partie zugrunde liegt, im einzelnen dennoch Abweichungen in der Ausführung zu, die hauptsächlich der Sorge um die Wahrung der Klangkontinuität zuzuschreiben sind. Man mißt diesen Abweichungen keinerlei Bedeutung bei, vorausgesetzt, daß das allgemeine Tempo des Stückes, was die Töne, deren Dauer und die Pausen zwischen den Tönen betrifft, eingehalten wird. Der kleine aufwärts weisende Pfeil in der Transkription des zweiten Stückes bezeichnet einen Ton, dessen Höhe um weniger als einen Halbton ansteigt.

Namse

[Gyang]
[Wor]
[Gyung - Che]
[Gyang]
[Wor]
[Gyung - Che]

[Gyang]
mp>p
<f
mp>p
[Wor]
[Tir]
>p
mf>p
[Gyang]
p
<f
p
>p
mp>
>p
mp
p
[Dor]
[Dor]
f

Trashi Dargye ♩ = ca. 40

Die Oboen (Gya Ling)

Der Umfang der Oboe umfaßt etwa das Intervall einer None und liegt zwischen dem mittleren Cis und dem Dis der nächsthöheren Oktave. Die zum Oboenrepertoire gehörenden Stücke bestehen aus zwei oder drei Teilen, die auf verschiedene Weise aneinandergereiht werden und in denen Formeln vorkommen, die sich während des ganzen Stückes wiederholen. Wir geben hier die Transkription zweier solcher Stücke wieder, die jeweils zur Tradition des *Gelugpa*-Mönchsorden (Kloster von *Pelgye Ling*) und zu der des *Sakyapa*-Mönchsordens gehören (Kloster, dessen Abt der hochehrwürdige Khetsun Dubpa Wangpo Rinpoche ist). Die Stücke tragen die Bezeichnung *Gyepailing Dangpo* und *Thoksar*. Die Transkriptionen geben den musikalischen Sachverhalt nur annähernd wieder, und zwar sowohl was den Rhythmus betrifft – die Dauer der Töne sowie die Zahl der Acciaccaturen liegen nicht genau fest – als auch hinsichtlich der Tonhöhe, die mit Hilfe des Notenliniensystems und der Notenschrift alles andere als präzise bezeichnet werden kann. Die kleinen Pfeile über den Noten bedeuten, falls sie nach oben weisen, daß der Ton um weniger als einen Halbton höher liegt, und umgekehrt, wenn der Pfeil nach unten weist, daß der betreffende Ton erniedrigt ist. In der Transkription des Stückes der *Sakyapa*-Tradition sind die Acciaccaturen nicht angegeben, denn sie werden in dieser Tradition als rein ornamental angesehen.

Gyepailing Dangpo

Thoksar

Die Rölmo-Becken

Im folgenden wird die approximative Transkription einiger rhythmischer Formeln angegeben, die dem Spiel dieses Instruments zugrunde liegen; vorangestellt sind die Bezeichnungen der Formeln sowie der Name des Klosters, aus dem sie stammen. Abgesehen von diesen Formeln kann das Spiel der *Rölmo*-Becken auf einer variablen Zahl von Schlägen beruhen, die strenggenommen keine Formeln darstellen, sondern von dem Ausführenden gezählt werden. Wie erinnerlich, werden in den meisten Fällen die Beckenschläge nicht ohne weiteres ausgeführt: Man versetzt die beiden Becken vor dem eigentlichen Schlag in Schwingung, ein Detail, das in den Transkriptionen nicht bezeichnet ist. Auch sei darauf hingeweisen, daß die metronomischen Angaben nur Näherungswerte darstellen, um so mehr, als das Ausführungstempo, wie bereits erwähnt, mitunter erheblichen Schwankungen unterworfen ist.

Theng Kang (Klöster von Pelgye Ling, die des *Kagyüpa-* und des *Ñingmapa*-Ordens sowie das Kloster, dessen Abt der hochwürdige Thutop Tinpoche ist):

Dem letzten Tremolo folgen oft ein, zwei oder drei Beckenschläge. Im Kloster von Gyüme heißt diese Formel jedoch *Thran Thran Chig Gyap*, während die als *Theng Kang* bezeichnete so aussieht:

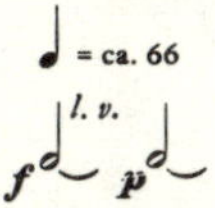

In den Klöstern des *Sakyapa*-Ordens bezeichnet darüber hinaus der Ausdruck *Then Kang* die folgende Formel:

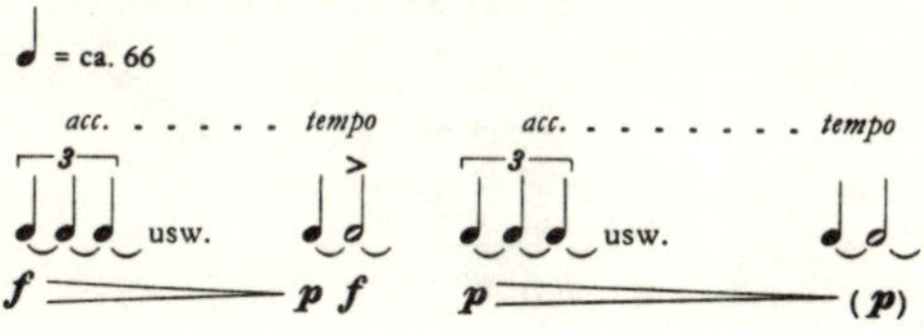

Wor Phap oder *Bep* (*Kagyüpa*-Klöster, einige *Ñingmapa*- und *Sakyapa*-Klöster sowie das des *Gelugpa*-Ordens von Nechung):

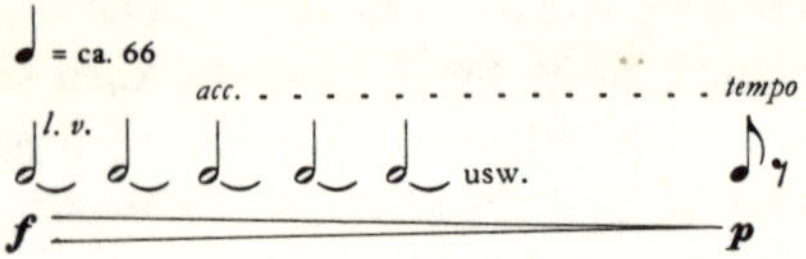

Bisweilen folgt ein starker Schlag unmittelbar danach. Im Kloster, dessen Abt der sehr ehrwürdige Thutop Rinpoche ist, wird diese Formel jedoch *Chab Dung*, im Kloster von Gyütö *Ting Phap* und im Kloster von Gyüme *Thrang Thrang Nang Dung* genannt.

Die folgende Formel, die in den meisten Klöstern *Thang Thang*, in denen von Gyüme und Gyütö *Sil Sil*, in den *Sakyapa*-Klöstern *Thak Thak* und im Kloster von Namgye Tratshang *Ting Ting* heißt, wird im allgemeinen am Ende eines Gebetes oder eines orchestralen Zwischenspiels ausschließlich vom Zeremonienmeister bzw. vom Leiter der Musik am linken Rand der Beckenteller ausgeführt:

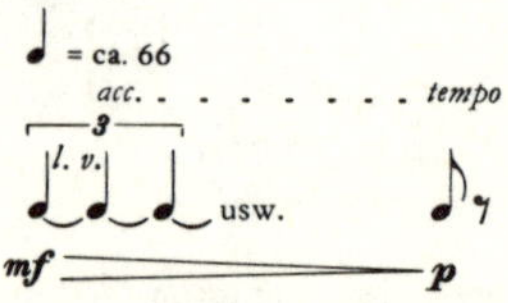

Shak Röl (*Kagyüpa*-Klöster):

Sum Dung (Kloster, dessen Abt der sehr ehrwürdige Thutop Rinpoche ist):

Sum Dung (Kloster von Gyüme):

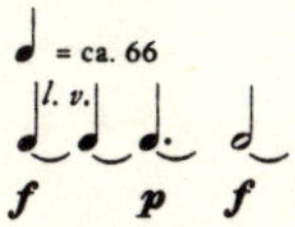

Sum Dung (Kloster von Pelgye Ling):

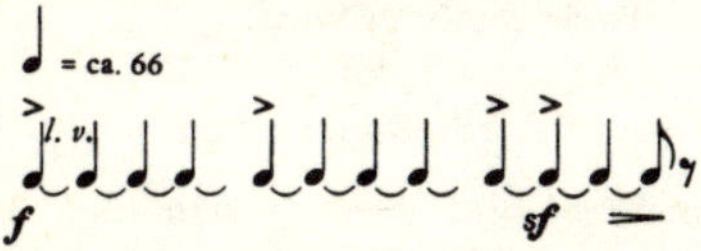

Sum Dung (*Kagyüpa*- und *Ñingmapa*-Klöster):

Sum Dung (einige *Ñingmapa*-Klöster):

Gu Dung (Kloster von Pelgye Ling):

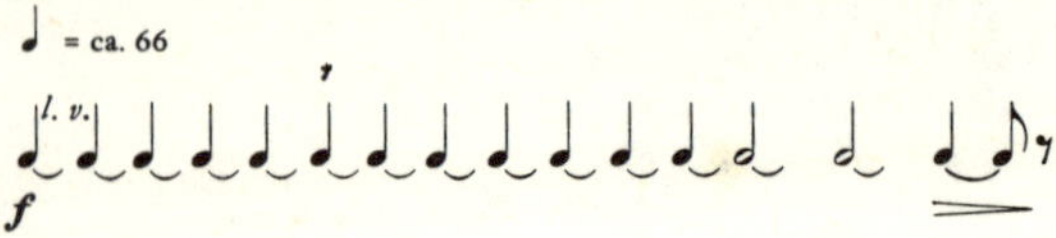

Gu Dung (Kloster, dessen Abt der sehr ehrwürdige Thutop Rinpoche ist):

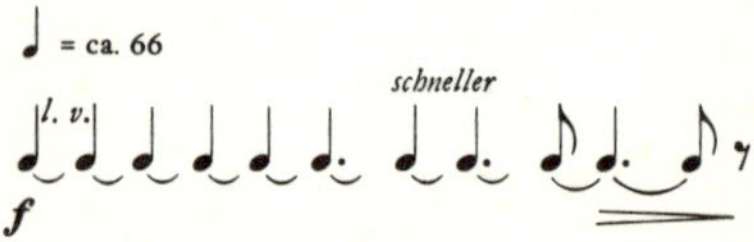

Schließlich sei noch hinzugefügt, daß das Tremolo bei den *Sakyapa*-Mönchen als *Sil* und im Kloster von Nechung als *Töl Wa* bezeichnet wird.

Die Silñen-Becken

Im allgemeinen sind die Formeln, die für das Spiel dieses Instruments gelten, die gleichen wie bei den *Rölmo*-Becken, aber sie besitzen keine besonderen Namen, ausgenommen in einigen wenigen Fällen und in bestimmten Klöstern, beispielsweise in denen von Gyüme und Gyütö. Im folgenden seien zwei Beispiele angeführt: *Zur Then* bezeichnet eine Formel, die mit dem *Thang Thang* bzw. *Sil Sil* des *Rölmo*-Beckens identisch ist. Die Becken werden auf den vorderen Rand zusammengeschlagen.

Nam Sil bezeichnet die folgende Formel, die mit umgekehrtem rechtem Becken gespielt wird:

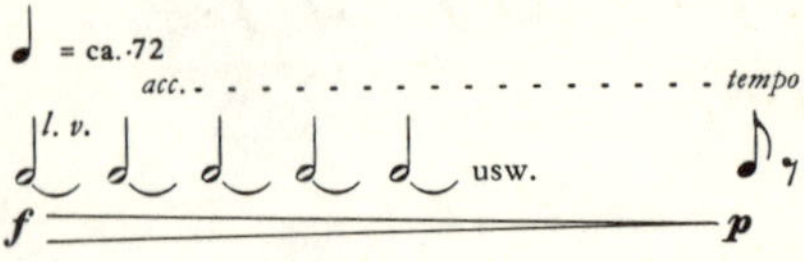

Die Trommel (Nga)

Dem Spiel dieses Instruments liegen keine selbständigen Formeln zugrunde, da sich das Spiel der *Nga* im allgemeinen nach dem der Becken richtet. Das Instrument wird hauptsächlich auf zweifache Weise gespielt, nämlich entweder in Form von rhythmisch regelmäßigen oder accelerando ausgeführten Schlägen. Im letzteren Fall kann die Rahmen- oder Faßtrommel mit zwei Schlegeln gespielt werden, wobei ein Rhythmus entsteht, der sich etwa so wiedergeben läßt:

Die kleine Trommel mit Anschlagkügelchen (Damaru)

Das Spiel dieses Instruments beruht auf einem ständigen Tremolo, dessen Beginn aus einer oder zwei Sforzato-Acciaccaturen bestehen kann, die durch ein- oder zweimaliges rasches Schütteln des Instruments erzeugt werden. Mitunter wird das Spiel – wie in den Klöstern des *Sakyapa*-Ordens – durch eine Formel beendet, die *Dar Dep* heißt und sich wie folgt transkribieren läßt:

Die Glocke (Tribu)

Das Spiel dieses Instruments kann entweder auf einem konstanten Tremolo oder auf vorher festgelegten rhythmischen Formeln beruhen. Im Kloster, dessen Abt der sehr ehrwürdige Serkong Rinpoche ist, wird die Glocke stets auf folgende Weise gespielt:

In den Klöstern des *Sakyapa*-Ordens der *Ngorpa*-Tradition liegen dem Spiel der Handglocke *Tribu* sechs verschiedene Formeln zugrunde, von denen nachstehend die vier wichtigsten genannt seien:

Chig Dung:

Gyün Tö:

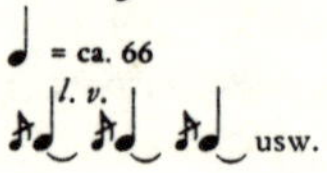

Kusung Thuksum Tö:

Gyün Tö Chöröl:

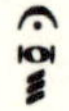

Der Gong (Khar Nga)

Wenn dies Instrument allein gespielt wird, wie es in den Klöstern des *Kagyüpa*- und des *Ñingmapa*-Ordens oder im *Gelugpa*-Kloster von Pelgye Ling häufig der Fall ist, um die Mönche in den Gebetssaal zu rufen oder eine beliebige andere Signalfunktion zu erfüllen, spielt man es auf folgende Weise:

Im Kloster von Gyütö besteht das Spiel aus einem sehr langen Accelerando, das sehr langsam beginnt und mit drei lauten, in großem Abstand voneinander gespielten Schlägen endet.

Das Holzbrett (Gandi)

Das – ziemlich langsame – Spielen dieses Instruments beruht auf einer Reihe von fünfunddreißig Schlägen, von denen die ersten achtzehn crescendo und die restlichen siebzehn decrescendo ausgeführt werden. Diesen fünfunddreißig Schlägen folgen drei weitere, die forte und noch langsamer gespielt werden. Diese Formel läßt sich noch zweimal wiederholen, so daß sich folgendes Schema ergibt: achtzehn Schläge crescendo, siebzehn Schläge decrescendo, achtzehn crescendo, siebzehn decrescendo, achtzehn crescendo, siebzehn decrescendo, zu denen noch die drei letzten, forte gespielten Schläge hinzukommen. Erwähnenswert ist in diesem Zusammenhang, daß die Gesamtzahl der im vorgenannten Fall gespielten Schläge einhundertacht ($1 \times 2^2 \times 3^3$) beträgt. Dies ist die heilige Zahl der Inder, der man häufig auch in der religiösen Tradition Tibets wiederbegegnet (so besteht die Sammlung kanonischer Texte – der sogenannte *Kagyür* – aus einhundertacht Bänden, die Rosenkränze weisen gewöhnlich einhundertacht Kügelchen auf, usw.).

Die angeführten Beispiele aus dem Formelrepertoire der verschiedenen Instrumente beweisen, daß eine gemeinsame Tradition vielfach durch die unterschiedlichen Mönchsorden und Klöster mit einer gewissen Autonomie entwickelt wurde. In dieser Beziehung sind die Formeln der Langtrompeten und in noch höherem Maße die der *Rölmo*-Becken äußerst aufschlußreich. In diesen Fällen kann die gleiche Formel je nach den verschiedenen Klöstern auf verschiedene Weise bezeichnet werden; umgekehrt kann der gleiche Ausdruck verschiedene Formeln bezeichnen. Die verschiedenen Beziehungen zwischen den Namen dieser Formeln und den diversen Arten ihrer Ausführung entsprechen offenbar den Beziehungen zwischen gemeinsamen Gegebenheiten und individueller Entwicklung.

Struktur der Instrumentalmusik: Beziehungen zwischen den verschiedenen Stimmen

Die Beziehungen zwischen den verschiedenen Instrumentalpartien sind auf eine präzise Art und Weise geregelt, die jedoch je nach Mönchsorden oder Klostertradition Abweichungen aufweisen. Was beispielsweise die beiden Beckenpaare *Rölmo* und *Silñen* betrifft, so führen sie in den Klöstern des *Sakyapa*- und des *Kagyüpa*-Ordens, wenn diese beiden Instrumente zusammenspielen, praktisch gleichzeitig ein und denselben musikalischen Part aus. Doch in einigen Klöstern des *Gelugpa*-Ordens wie in denen von Gyüme und Pelgye Ling spielen die *Silñen*-Becken, obwohl sie den gleichen musikalischen Part wie die *Rölmo*-Becken haben, gegenüber letzteren mit einer geringen Verzögerung. In anderen Klöstern des gleichen Mönchsordens wie in dem von Gyütö führt das *Silñen*-Becken die eigentlichen Schläge zwar zur gleichen Zeit wie das *Rölmo*-Becken aus, doch versetzt man das *Silñen*-Becken zuvor in Schwingungen, so daß ein kurzer Tremolo-Effekt entsteht.

Um die Beziehungen zwischen dem Spiel auf der Trommel (*Nga*) und dem der Becken zu erläutern, geben wir im folgenden einige Beispiele, die aus dem Kloster Gyüme stammen: Wenn in diesem Kloster von den *Rölmo*-Becken die Formeln *Theng Kang* und *Wor Phap* ausgeführt werden, spielt die Trommel den gleichen musikalischen Part wie die Becken, das heißt, daß die Schläge der beiden Instrumente gleichzeitig erfolgen. Im Falle der Becken-Formel *Thrang Thrang Chig Gyap* beschränkt sich die Trommel auf einen abschließenden Schlag. Wenn die Becken die Formel *Thrang Thrang Nang Dung* spielen, wird die Trommel nicht geschlagen. Wenn die *Silñen*-Becken allein gespielt werden, entsprechen mitunter jedem Schlag zwei Schläge auf der Trommel, von denen der erstere als Acciaccatura ausgeführt wird.

Was die Langtrompeten und ihre Beziehung zu den *Rölmo*-Becken betrifft, werden beispielsweise in den Klöstern des *Kagyüpa*-Ordens die Becken-Formeln *Theng Kang* und *Shak Röl* zusammen mit dem Ton *Gyang* der Langtrompeten, die Becken-Formel *Wor Phap* mit einer Tonfolge der Langtrompeten nach der folgenden Formel gespielt: ein kurzes *Dor,* ein kurzes *Wor,* ein kurzes *Gyang,* ein *Tir* und ein *Gyang.* In denselben Klöstern werden die Langtrompeten nicht gespielt, wenn die Becken die Formel *Thang Thang* benutzen. Im Kloster von Pelgye Ling wird dagegen die letztere Formel oft von dem Ton *Dor* der Langtrompeten begleitet oder er folgt ihr unmittelbar. In den Klöstern des *Sakyapa*-Ordens entspricht dem Tremolo der *Rölmo*-Becken der Ton *Gyang* der Langtrompeten, und die Becken-Formel *Theng Kang* wird von der während der Gesamtdauer der Becken-Formel wiederholten Tonfolge *Gyang* und *Dor* der Langtrompeten begleitet.

Es folgen zwei Beispiele für die Beziehung zwischen den musikalischen Partien der Kurztrompeten und denen der anderen Instrumente: In den *Kagyüpa*-Klöstern wird das Zwischenspiel der Kurztrompeten oft durch die Formel *Wor Phap* der *Rölmo*-Becken begleitet; wenn in den Klöstern des *Sakyapa*-Ordens die Kurztrompeten zusammen mit dem Orchester spielen, verwenden die Langtrompeten den Ton *Tir.*

Bisweilen ist die Beziehung zwischen bestimmten Instrumentalpartien und selbst die Lautstärke der Ausführung durch die Assoziation bestimmter Formeln mit einer spezifischen Gruppe von Gottheiten vorgeschrieben. Wenn beispielsweise die *Rölmo*-Becken für die friedlichen Gottheiten die Formel *Wor Phap* ausführen, spielen die Langtrompeten den Ton *Gyang,* wie es in den Klöstern des *Sakyapa*-Ordens der Fall ist; spielt man jedoch für die aggressiven Gottheiten, wird die erstere dieser Formeln weniger laut ausgeführt, während die Langtrompeten den Ton *Tir* fortissimo spielen. Für die friedlichen Gottheiten dagegen wird der Ton *Tir* stets piano ausgeführt.

Das Zusammenspiel des Klosterorchesters sei im folgenden durch die Transkription zweier instrumentaler Zwischenspiele veranschaulicht, wie wir sie im Verlauf unserer Untersuchungen zu hören Gelegenheit hatten. Im einzelnen handelt es sich um den Teil *Nang Phü* aus der Zeremonie *Kadzokpa Chenpo* des *Ñingmapa*-Ordens und um den Teil *Gompo Chenden* der *Kangso*-Zeremonien, so wie er im Kloster von Pelgye Ling ausgeführt wird. In diesen Transkriptionen sind die Beziehungen zwischen den Partien der Langtrompeten ebenso wie weitere Einzelheiten der orchestralen Ausführung lediglich als ungefähre Angabe zu verstehen. So können in der ersten Transkription zum Beispiel die drei Töne der Muschelhörner, die zu einem ganz bestimmten Zeitpunkt angegeben sind, ebensogut zu einem anderen Zeitpunkt gespielt werden, sofern sie in mehr oder weniger gleichmäßigem Abstand ausgeführt werden und der erste und letzte dieser drei Töne zur gleichen Zeit wie das Orchester beginnt bzw. endet. Damit ferner die Becken mit der Formel *Sum Dung* einsetzen können, müssen die Langtrompeten den Ton *Tir* zu Ende gespielt haben. Falls die Langtrompeten zu spät einsetzen, warten die Becken und die Trommel mit der Ausführung ihrer Formel, bis die Langtrompeten ihren Ton zu Ende gespielt haben. Bei der zweiten Transkription kann der dritte Ton der Kurztrompeten zu einem beliebigen Zeitpunkt zwischen dem auf das Tremolo folgenden Beckenschlag und dem ersten Schlag der anschließenden *Sum-Dung*-Formel beginnen; die Oboen müssen ebenfalls zwischen diesen beiden Schlägen einsetzen. Schließlich sei noch darauf hingewiesen, daß diese hinsichtlich des Rhythmus wie der Tonhöhe notwendigerweise approximativen Transkriptionen nichts anderes bezwecken, als dem Leser eine zusammenhängende Vorstellung von der Organisation dieser Orchestermusik zu vermitteln.

♩ = ca. 66 **Gompo Chenden**

Wir können hier keine ausführliche Analyse des instrumentalen Repertoires geben, das diese Stücke für Langtrompeten, Oboen und Orchesterensemble beispielhaft illustrieren; doch muß wenigstens auf die bemerkenswerte Sparsamkeit der Mittel hingewiesen werden, mit der diese Musik aufgebaut ist, eine Ökonomie, in der Wiederholung, Symmetrie und die Sorge

um ausgewogene Proportionen eine vorherrschende Rolle spielen. Hinzugefügt sei noch, daß es die Dauerhaftigkeit, der festgefügte Bau der Grundstruktur dieser Musik ist – das heißt: ihre Organisation nach melodisch-rhythmischen Formeln –, die bei der Ausführung jene oft erforderliche Flexibilität in der Interpretation zuläßt, die zu ihren Wesensmerkmalen gehört.

Vokalmusik

Das vokale Element innerhalb der rituellen tibetischen Musik kann entweder unter dem Aspekt der Rezitation oder dem des Gesanges betrachtet werden. Die beiden Aspekte lassen sich mit einer natürlichen Stimme (*Rang Ke*) oder einer gepreßten und gutturalen Stimme (*Dzo Ke*) wiedergeben, was von den Umständen und den unterschiedlichen Klostertraditionen abhängt.

Die Rezitation

Die Rezitation beruht auf "Versen", die im allgemeinen aus einer ungeraden Zahl von Silben, meist sieben, neun oder elf, bestehen. Die Gebete können auf verschiedene Weise rezitiert werden: Je nach der zur Verfügung stehenden Zeit wird die Rezitation in einer mittleren Geschwindigkeit (*Khan Dön*) ausgeführt oder in einem merklich beschleunigten Tempo und mit sehr tiefer Stimme (*Chölogpa*). Vor allem im ersteren Fall liegen der Rezitation zwei oder drei verschiedene Tonhöhen zugrunde. Diese Ton-Rezitation läßt sich an Ort und Stelle unmittelbar improvisieren, beispielsweise beim Lesen eines neuen Gebetes. Möglicherweise stehen diese verschiedenen Tonhöhen in Beziehung zu den Tönen der tibetischen Sprache, ein Problem, das eingehendere Untersuchungen erforderlich machen würde. Obwohl das Tibetische in keinerlei Beziehung zum Sanskrit steht, ist es dennoch von Interesse, daß die wedische Gesangstradition sich ebenfalls auf Töne bezieht, obwohl diese im späteren Sanskrit nicht mehr vorkommen[35].

35. Persönliche Mitteilung von Alain Daniélou.

Bei Kollektivzeremonien werden der Rhythmus der Ausführung sowie die Tonhöhe bisweilen von jedem einzelnen Mönch frei gewählt, wobei selbstverständlich ein allgemein verbindlicher rhythmischer Ablauf von allen Mönchen eingehalten wird. In anderen Fällen bleibt die Grundtonhöhe der Rezitation zwar konstant, doch wählt sie jeder Mönch nach freiem Ermessen in Abhängigkeit von der eigenen Stimmlage; dagegen muß der rhythmische Verlauf der Rezitation für alle Aufführenden der gleiche sein. In wieder anderen Fällen verwendet man einen als *Dur* bezeichneten Rezitationstypus, der einer regelmäßigen rhythmischen Einteilung folgt; das nachstehende Notenbeispiel mag eine Vorstellung davon vermitteln:

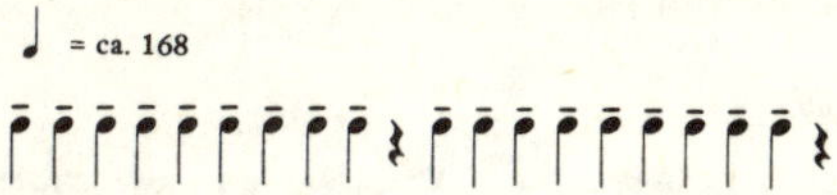

Eine Methode, die sowohl Rezitation wie Gesang umfaßt, wird häufig von den ganz jungen Novizen angewendet, um die Gebete zu erlernen. Hierbei werden mehr oder weniger lange, in strophischer Form gesungene Partien in die rezitierten Partien eingeschoben.

Der Gesang

Gemäß der Tradition der großen Klöster von Sera, Drepung und Ganden werden die verschiedenen Gesangsstile und -formen allgemein als *Ta, Gur* und *Yang* bezeichnet.

Der Ta-Stil

Dieser Gesangsstil erfolgt in einem Tempo, das, ohne schnell zu sein, dennoch weniger langsam als die übrigen ist. Er wird bei Versammlungen der Mönche verwendet; gelegentlich dürfen sich auch Laien an seiner Ausführung beteiligen. Die Worte werden sehr deutlich ausgesprochen. Im Kloster von Namgye Tratshang wird dieser Stil von einer Trommel und bisweilen auch von einer Glocke begleitet. Wir geben nachstehend eine Transkription eines dieser Gesänge, der aus dem Kloster von Gyütö stammt und dessen Text dem ersten Kapitel des Buches *Lama Chöpa* entnommen ist. Die kleinen Pfeile über den Noten in den folgenden Transkriptionen zeigen an, daß der jeweilige Ton um weniger als einen Halbton erniedrigt bzw. erhöht ist.

Die mit (a) und (b) bezeichneten Teile dieses Gesanges werden fünfmal abwechselnd wiederholt, wonach der

Gesang mit (a) endet. Der strophische Charakter ist deutlich zu erkennen. Die verwendete Leiter ist eine pentatonisch-halbtonlose Leiter. Im Verlauf der Ausführung erhöht sich der Bezugston unmerklich, bis er am Ende um einen ganzen Ton höher liegt als am Anfang. Schließlich ist die Ausführung durchsetzt von Stimmritzenverschlußlauten, die an bestimmte Stilarten der weltlichen Musik erinnern, wie z. B. an den sogenannten Biographie-Stil (*Nam Thar*) des *Ache-Lhamo*-Theaters.

Der Gur-Stil

Dieser Gesangsstil, der langsamer als der vorbeschriebene *Ta*-Stil ausgeführt wird, findet bei großen Versammlungen der Mönche Anwendung, im Verlauf bestimmter Prozessionen oder bisweilen auch beim Anzünden der Butterlampen des Altars. Er wird für alle Gottheiten – die "Beschützer der Religion" ausgenommen – ohne Begleitung irgendeines Instruments gesungen. Im Kloster von Namgye Tratshang kommt der *Gur*-Stil dem *Yang*-Stil sehr nahe.

Der Yang-Stil

Dieser Gesangstypus besteht in einem sehr langsamen Vortrag des Textes mit gutturaler und tiefer Stimme, wobei die Klangkontinuität im allgemeinen als unerläßlich angesehen wird. Zur korrekten Ausführung sind wenigstens zwei Mönche erforderlich, so daß der zweite einsetzen und den Ton des ersten Mönches weitersingen kann, wenn dieser Atem holt, ohne daß eine Unterbrechung eintritt. Auch hier stößt man wieder auf die gleiche Sorge, einen ununterbrochenen Ton zu erzeugen, der wir schon bei den Blasinstrumenten begegneten. Bei diesem Gesangsstil wechseln fremde Silben mit denen des Originaltextes, dessen Bedeutung dadurch verschleiert wird. Derartige Silbeninterpolationen hängen mit der tantrischen Initiationstradition zusammen und dienen unter anderem dazu, den Sinn der esoterischen Texte unverständlich zu machen. Mit der gleichen Absicht wird sogar die Aussprache verständlicher Silben bewußt undeutlich gehalten. Eine Übereinstimmung springt sofort in die Augen: So wie in diesen Fällen die menschliche Stimme gezwungen, modifiziert oder, wenn man will, verschleiert klingt, so wird auch der diesem Vokalstil entsprechende Text absichtlich entstellt.

Der *Yang*-Stil dient der Kommunikation mit den Göttern und findet vor allem Anwendung in den Zeremonien für die "Beschützer der Religion".

Bei diesem Gesangsstil wird nur eine sehr beschränkte Zahl von Tönen verwendet. Die Grundtonhöhe ist nicht absolut, aber alle Mönche singen unisono, wobei sie dem Ton folgen, den der Leiter des Rituals singt. Noch einmal sei darauf hingewiesen, daß zwischen den einzelnen Mönchsorden und Klöstern Unterschiede bestehen. Der *Yang*-Stil des *Sakyapa*-Ordens wird beispielsweise dadurch ausgeführt, daß die Stimme im gutturalen Sinne weniger forciert wird; auf diese Weise erhält der Stil im Vergleich zu einigen anderen einen melodiöseren Charakter. In den Klöstern von Gyüme und besonders von Gyütö wird die Veränderung der Stimme bis zum äußersten getrieben: Bei der Ausführung des *Yang*-Stils im letzteren Kloster hört man tatsächlich sehr deutlich den Grundton, der gleichzeitig von einem – dem vierten – Oberton, d. h. dem fünften Teilton, begleitet wird[36].

Mitunter erklingt bei derartigen Aufführungen eine

36. Die akustische Seite dieses Phänomens wurde von H. Smith, K. Stevens, R. Tomlinson, *op. cit.*, untersucht.

ganze Reihe von Obertönen, die durch diese Vokaltechnik erzeugt werden.

Nachstehend geben wir die Transkription von zwei derartigen Gesängen wieder. Der erste mit dem Titel *Yangtsa Gyüma* stammt aus dem Kloster von Namgye Tratshang. Der Leser mag die Transkription des Gesanges mit der anschließend wiedergegebenen Notation im tibetischen System vergleichen. Die in der Transkription

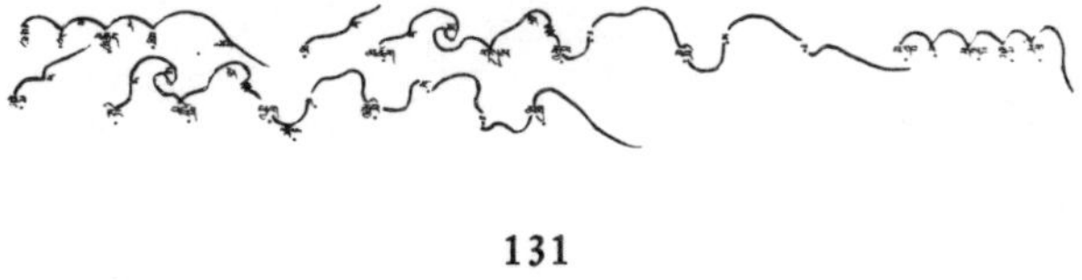

eingetragenen Ziffern entsprechen den verschiedenen Linien der tibetischen Notation. Der zweite Gesang, der den Anfangsteil eines Gebetes für die Gottheit *Dorje Jigje* bildet, ist hier so dargestellt, wie er von einem Mönch des Klosters von Gyütö ausgeführt wurde.

Musikalische Terminologie

Die musikalische Terminologie, die sich sowohl auf die Namen der Musikinstrumente wie auch auf die verschiedenen Töne und Formeln in den Instrumentalpartien bezieht, hat in erster Linie beschreibenden Charakter; sehr oft kommen darin bestimmte äußere Merkmale der Instrumente oder ihrer Spielweise zum Ausdruck, doch dient sie auch zur Beschreibung der Eigentümlichkeiten verschiedener Spielformeln. Der deskriptive Charakter der Klangmalerei findet also in dieser Terminologie ziemlich häufig Anwendung. Darüber hinaus ist die Terminologie, wie wir bereits bei der Becken-Formel *Theng Kang* gesehen haben, mitunter sehr anschaulich und bildhaft. Als weiteres Beispiel sei der Begriff *Dur* erwähnt, der einen Rezitationsstil bezeichnet (vgl. S. 127). Dieser Ausdruck bedeutet "Trab" oder "traben": Hier wird also der Rhythmus des Pferdetrabs mit dem des Rezitationsstils verglichen.

In den folgenden Beispielen kommt der beschreibende Charakter der Terminologie gut zum Ausdruck. Was nun die Musikinstrumente unmittelbar betrifft, seien das Muschelhorn genannt, dessen Name wörtlich "weiße

Trompete" bedeutet (*Dung* = Trompete; *Kar* = weiß); die Kurztrompete, deren Bezeichnung wörtlich "Markknochentrompete" lautet (*Kang* = Markknochen; *Ling* = hier "Trompete", was aber in diesem Zusammenhang fälschlicherweise oft mit "Flöte" übersetzt wird); die Langtrompete (*Dung* = Trompete; *Chen* = groß, lang), die auch "Messingtrompete" (*Rag* = Messing), "rote Trompete" (*Mar* = rot) oder "Kupfertrompete" (*Zang* = Kupfer) heißt. Bei der Oboe bezieht sich das erste Wort im Namen des Instruments (*Gya*) wahrscheinlich auf seine fremde Herkunft; bei den anderen Oboenarten bezeichnen die Namen das Material, aus dem sie hergestellt sind (*Ser* = Gold, *Ngül* = Silber); in dem Ausdruck *Kar Ling* bezeichnet das erste Wort wahrscheinlich "emporheben", was auf die Haltung des Instruments während des Spielens hindeutet. Die beiden kleinen Becken werden durch zwei Wörter bezeichnet, von denen das erste (*Ting*) lautmalende Eigenschaft hat und den Klang des Metalls darstellt, während das zweite Wort (*Sha*) auf den Vorgang des Hervorsprudelns oder des Entzweibrechens hinweist. Der Name des Gongs bedeutet "Bronzetrommel" (*Khar* = Bronze; *Nga* = Trommel). Der Ausdruck für die Metallscheibe ist eine Lautmalerei (*Ting Ting*), während der Name des *Zo Ngur Ma* sich auf die nachahmende Symbolik dieses Instruments bezieht (*Zo* = Kreuzung zwischen Yak und Kuh; *Ngur* = Brüllen).

Was die Namen der verschiedenen Formeln von Instrumentalpartien betrifft, seien zwei Muschelhorn-Formeln genannt, die aus drei bzw. aus neun Tönen bestehen und von denen die eine "davon drei spielen" heißt (*Sum* = drei, bezieht sich auf die Zahl der auszuführenden Töne; *Jok* = placieren, hinstellen), während die andere Formel "davon neun spielen" heißt (*Gu* = neun). Interessant ist auch, daß die beiden Hauptformeln der Kurztrompeten, die Bezeichnungen tragen wie "davon drei blasen" (*Sum* = drei; *Bü* = blasen) und "davon vier blasen" (*Zhi* = vier) oder "beim Spielen drei Töne binden" (*Sum* = drei; *Bep* = binden) und "beim Spielen vier Töne binden" (*Zhi* = vier) und schließlich auch Bezeichnungen wie "beim Spielen drei Töne nennen" (*Sum* = drei; *Bö* = nennen) und "beim Spielen vier Töne nennen" (*Zhi* = vier), vornehmlich bei exorzistischen Riten Verwendung finden, bei denen die bösen Geister in der Tat zunächst angerufen und gebunden werden, ehe man ihren negativen Einfluß zerstört und sie in glückbringende Wesen verwandelt.

Die folgenden Beispiele betreffen bestimmte Töne der Langtrompeten. Die Bezeichnungen für die Töne beziehen sich unmittelbar auf die Klangerzeugung oder auf die Art der Ausführung. Dem Namen des Tons des tiefen Registers (*Dor*) ist beispielsweise die Vorstellung des Absonderns, des Ausscheidens sowie des Speichelflusses assoziiert. Die Hervorbringung dieses Tones erfordert in der Tat eine gewisse Anstrengung, die auf Grund der für die Erzeugung dieses tiefen Tons erforderlichen Lippenstellung zu einer reichlichen Speichelabsonderung führt. In der Bezeichnung für einen Ton des mittleren Registers (*Gyang*) ist die Vorstellung der Ferne, des Ausbreitens enthalten, und tatsächlich ist dieser Ton gewöhnlich ziemlich lang. Wenn dieser gleiche Ton mit einem Crescendo-Sforzatissimo endet, ist im Namen, der diese Variante (*Gyang Che*) bezeichnet, die Vorstellung des unvermittelten Abbrechens (*Che*) enthalten, die sich gut mit dem plötzlich unterbrochenen Sforzatissimo deckt. Eine weitere Formel, *Then Jor,* deren Transkription auf

Seite 99 angegeben ist, besteht aus einem langen Ton und einigen darauffolgenden kurzen Tönen; während einer der beiden Ausführenden den langen Ton aushält, spielt der andere die kurzen Töne, und umgekehrt. Mit dem Ausdruck *Then* ist die Vorstellung des Atmens und Wartens verbunden, während *Jor* in diesem Fall "vereinigen", "verbinden" bedeutet: Einer der Ausführenden wartet, bis der andere die kurzen Töne zu Ende gespielt hat, um sie nun seinerseits auszuführen. Die gleiche Situation, die jedoch diesmal nur die Dynamik der Ausführung betrifft, liegt bei der Formel *Len Re* (vgl. Seite 100) vor: *Len* bedeutet "ergreifen", "wiederanknüpfen", *Re* "abwechseln", "Reihe" im Sinne des Ausdrucks "an der Reihe sein".

Im Hinblick auf die Becken haben wir bereits den Ausdruck *Theng Kang* als Bezeichnung für eine Formel erwähnt, die aus Tönen mittlerer Länge besteht, denen kürzere Töne vorausgehen. Wir haben auch bereits darauf hingewiesen, daß dieser Ausdruck die Vorstellung des Hinkens in sich birgt, da der durch diese Formel vorgegebene Rhythmus an eine hinkende Gangart erinnert. Der Ausdruck *Zur Then* bezieht sich dagegen auf die Ausführungsart; die entsprechende Formel wird auf dem Rand der Beckenteller ausgeführt, denn *Zur* bedeutet wörtlich "Rand".

Lautmalerische Effekte werden oft durch Wiederholung ein und derselben Silbe ausgedrückt. In verschiedenen Klöstern wird beispielsweise das Beckenspiel des Zeremonienmeisters oder des Leiters der Musik am Ende eines Gebetes oder eines orchestralen Zwischenspiels mit den folgenden onomatopoetischen Wörtern bezeichnet: *Thang Thang, Sil Sil, Thak Thak* und *Ting Ting.*

Bisweilen ist in dem Formelnamen die Zahl der Beckenschläge angegeben, so in *Sum Dung* (*Sum* = drei; *Dung* = Schlag) oder *Gu Dung* (*Gu* = neun). In diesen Fällen kann der Name der Formel, wie aus den auf den Seiten 111 –115 angegebenen Beispielen ersichtlich, tatsächlich ihrer praktischen Verwirklichung entsprechen, sei es, daß die Zahl der Beckenschläge effektiv die gleiche ist wie die im Formelnamen angegebene, sei es, daß die genannte Zahl Gruppen von Schlägen bezeichnet. In anderen Fällen wiederum ist die Beziehung zwischen dem Namen der Formel und ihrer klanglichen Verwirklichung rein konventioneller Natur, so in dem Fall – um nur ein Beispiel zu nennen –, wo eine Spielformel, die aus insgesamt acht Beckenschlägen besteht, in den Klöstern des *Kagyüpa*-Ordens auch als "drei Schläge" bezeichnet wird. Ein derartiges, durch Konvention geprägtes Verhältnis zwischen einer exakten zahlenmäßigen Angabe und der entsprechenden, jedoch gleichzeitig widersprüchlichen praktischen Ausführung unterstreicht noch einmal die grundlegende Bedeutung der mündlichen Überlieferung im allgemeinen und der Klostertradition im besonderen für die Musizierpraxis des tibetischen Buddhismus.

Notation

Die Notation kann sich sowohl auf Gesangsstile wie auf bestimmte Aspekte der Instrumentalmusik beziehen. Während verschiedene Autoren bereits Beispiele für die Vokalnotation veröffentlichten[37], wurde die instrumentale Notation zwar auch am Rande erwähnt[38], doch eingehender offenbar bisher erst von mir behandelt[39].

Die Notenschrift der Gesänge gilt vor allem für den *Yang*-Stil, obwohl sie in Klöstern wie dem von Namgye Tratshang auch für andere Stile Verwendung findet. Im Kloster von Gyütö existiert diese Notation in zwei analogen Formen mit geringfügigen Abweichungen, die den beiden dort verwendeten *Yang*-Stilen entsprechen, nämlich dem *"Alten Yang" (Yang Ning)* und dem *"Neuen Yang" (Yang Sar).*

Diese Vokalnotation, die je nach der Klostertradition verschieden ist, wenngleich in ihr allgemeine ge-

37. Eine Liste solcher Beispiele findet sich bei P. Crossley-Holland, "The Music of the Tantric Rituals . . .".
38. Vgl. J. Van Oost, *op. cit.*, S. 396.
39. Vgl. I. Vandor, "La notazione musicale strumentale del Buddismo tibetano", in *Nuova Rivista Musicale Italiana,* 3–4, 1973 und "Tibetan Musical Notation" in *The World of Music,* 2, 1975.

meinsame Merkmale beibehalten sind, besteht in den meisten Fällen aus unterschiedlich gewellten Linien, die mit schwarzer Tinte gezeichnet werden, gelegentlich unter Hinzufügung von Rot und Gelb. Die Wellenlinie wird von Silben begleitet, die den Text darstellen und zwischen denen oft andere Silben eingeschaltet sind, die einen mystischen Sinn haben oder auch zur Verschleierung der Bedeutung des Textes selber dienen (vgl. Seite 129 f.) oder sich ausschließlich auf Aspekte der musikalischen Ausführung beziehen. Im Kloster von Namgye Tratshang bestehen letztere aus drei verschiedenen Silben, deren musikalische Bedeutung bzw. entsprechende Transkription nachstehend wiedergegeben ist:

Böl: sanft, piano.

Chong: auf einen höheren Ton springen[40].

Drin: Dieser Begriff läßt sich auf folgende Weise veranschaulichen (wobei die Tonhöhe relativ ist):

Untersuchen wir jetzt eine aus dem Kloster von Namgye Tratshang stammende Vokalnotation für den *Yang*-Stil (vgl. Abb. 1), die der Leser mit der Transkription auf Seite 131 vergleichen mag. Diese Notation enthält zwei Linien, die man nacheinander von links nach rechts liest. Die in der Handschrift mit Rot eingetragenen kleinen Kreise unter den Silben beziehen sich auf die *Rölmo*-Becken und bezeichnen im engeren Sinne die Formel *Ting Ting*. Die mit größeren Buchstaben

40. Bei H. A. Jäschke, op. cit., S. 142 bezeichnet dieser Ausdruck ein Musikinstrument, vielleicht eine Glocke. Uns ist er in dieser Bedeutung jedoch nie begegnet.

und im Original mit schwarzer Tinte geschriebenen Silben stellen den Gebetstext dar. Die übrigen, kleiner und im Original rot geschriebenen Silben lassen sich in drei Typen gliedern: (*a*) eingeschaltete Silben, die deutlich ausgesprochen werden; (*b*) eingeschaltete Silben mit undeutlicher Aussprache; (*c*) Silben, die sich auf die musikalische Ausführung beziehen und überhaupt nicht ausgesprochen werden. Lesen wir jetzt die Silben, die nicht zum Gebetstext gehören:

1. Zeile: *Ba,* Silbe vom Typus (*a*); *De,* Silbe vom Typus (*a*); *Böl,* Silbe vom Typus (*c*); *O,* Silbe vom Typus (*b*); *O,* Silbe vom Typus (*b*); *Chong,* Silbe vom Typus (*c*); *Drin,* Silbe vom Typus (*c*); *La,* Silbe vom Typus (*b*); *O,* Silbe vom Typus (*b*); *Ya,* Silbe vom Typus (*a*).

2. Zeile: *O,* Silbe vom Typus (*b*), *O,* Silbe vom Typus (*b*); *Chong,* Silbe vom Typus (*c*); *Drin,* Silbe vom Typus (*c*); Fehler des Mönchs, der die Originalhandschrift kopiert hat; *Ga,* Silbe vom Typus (*b*); *O,* Silbe vom Typus (*b*); *Ya,* Silbe vom Typus (*a*).

Diese Notation besteht aus zwei praktisch symmetrischen Teilen, von denen jeder drei nicht abgebrochene Zeilen unterschiedlicher Länge enthält. Diese sechs Zeilen entsprechen in der Transkription den mit (1) bis (6) bezeichneten Teilen.

Vergleicht man die Notation mit der musikalischen Interpretation, wird man rasch feststellen, daß bestimmte Hinweise wie *Chong* oder *Drin* in der Notation zwar eine graphische Entsprechung aufweisen und, musikalisch gesehen, praktisch auch jedes Mal auf die gleiche Art und Weise ausgeführt werden, daß aber die musikalische Interpretation der übrigen miteinander identischen Zeilen in bestimmten Einzelheiten abweichen kann. Außerdem ist der beschreibende Charakter dieser Zeilen auf ein Minimum reduziert.

Im Kloster von Ganden Chöpel Ling sind mit roter Farbe oft jene Teile des Textes bezeichnet, die ausschließlich vom Leiter des Rituals gesungen werden dürfen, während im Kloster von Gyütö das Hinzufügen roter und gelber Zeilen lediglich eine dekorative Funktion hat; in letzterwähntem Kloster entsprechen die rot geschriebenen Silben den Partien, die nur vom Zeremonienmeister gesungen werden.

Diese Vokalnotation bezeichnet nicht die Höhe der Töne, gibt aber mitunter gewisse Veränderungen der Töne an. Es handelt sich also nicht um eine Notation im Sinne einer Vorschrift, sondern um eine im wesentlichen mnemotechnische Notenschrift mit deskriptiven Aspekten. Dies wird vielleicht noch klarer, wenn man die beiden folgenden Notationsfragmente mit den entsprechenden Transkriptionen vergleicht. Die beiden Fragmente sowie ihre musikalische Ausführung stammen aus dem Kloster von Gyütö.

Beispiel 1

Beispiel 2

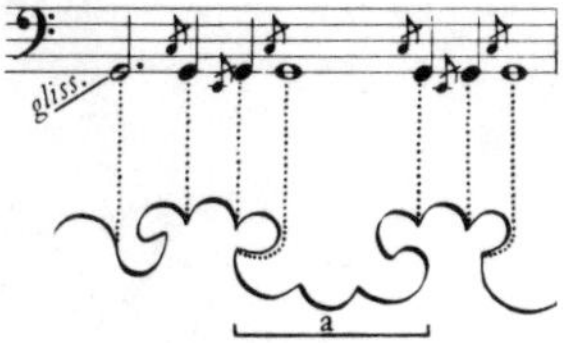

Aus dem Vergleich der beiden Fragmente lassen sich einige vorläufige Schlußfolgerungen ziehen: Zwei sehr ähnliche Melodiefragmente werden graphisch unterschiedlich wiedergegeben; ein Teil der Notation – in

Beispiel 2 mit (*a*) bezeichnet – deckt sich nicht oder scheint sich zumindest nicht zu decken mit der vokalen Ausführung: Haben wir es hier lediglich mit einer Symmetrie aus graphischen Gründen oder mit subtileren Faktoren zu tun, die sich im Augenblick noch unserer Aufmerksamkeit entziehen, beispielsweise mit Elementen psychologischer Natur, welche die Tonqualität im engeren Sinne, die Klangfarbe, die Beeinflussung von Teiltönen betreffen? Im ersteren Beispiel entspricht der letzte Abschnitt der Notation ausschließlich einem Decrescendo; in beiden Beispielen sind die Anfangsglissandi graphisch auf ähnliche Weise dargestellt. Schließlich sei noch darauf hingewiesen, daß die gewellten Linienabschnitte in beiden Notationsfragmenten der Vokalpartie entsprechen und daß jeder Veränderung der Kurve eine melodische Veränderung entspricht. Wenn man diese Fragmente mit der Notation des Klosters von Namgye Tratshang vergleicht, läßt sich leicht feststellen, daß jeder geschwungene Teil einer Linie in beiden Fällen einer Veränderung entspricht, und zwar einer melodischen im Kloster von Gyütö und einer silbenmäßigen im Kloster von Namgye Tratshang. Im Kloster von Gyütö verwendet man in der Notation des "Alten *Yang*" zwei Zeichen, die dem Ausführenden weitere melodische Veränderungen anzeigen:

Das erste Zeichen, das stets oberhalb der Notierungslinie angegeben wird, weist den Spieler darauf hin, daß der Ton um etwa einen Halbton erhöht werden muß; der Ausführende kehrt zu dem vorhergehenden Ton erst mit der folgenden Silbe zurück, und zwar ohne daß ein weiterer Hinweis erfolgt. Das zweite, stets unterhalb der Notierungslinie angegebene Zeichen weist darauf hin, daß der Ton um etwa einen Halbton erniedrigt werden muß; der Ausführende kehrt zu dem vorhergehenden Ton erst mit der folgenden Silbe zurück, und zwar ohne daß ein weiterer Hinweis erfolgt.

Diese Notationen können also spezielle Verfahren (Glissandi), melodische Veränderungen (Veränderungen von Tönen), Verminderungen der Lautstärke (Decrescendi) und Formeln – wie beispielsweise *Chong* und *Drin* in der ersten der untersüchten Notationen – bezeichnen, die jedoch sämtlich im voraus bekannt sein müssen, um ausgeführt werden zu können. Der Vergleich zwischen den beiden letzten, aus dem Kloster von Gyütö stammenden Fragmenten zeigt uns ferner durch ihre graphische Verschiedenheit und ihre melodische Ähnlichkeit, daß es sich dabei einerseits, wie bereits erwähnt, um eine in hohem Grade mnemotechnische Notation handelt und daß andererseits verschiedene Einflüsse sich vielleicht in ein und derselben Klostertradition vereinigt haben.

Die instrumentale Notation, die sich ebenfalls entsprechend den unterschiedlichen Klostertraditionen ändern kann, besteht entweder aus graphischen Zeichen, die die vokale Notation oder den Text der Gebete begleiten, oder aus einer vom Text unabhängigen Notation. Zu dieser letzteren Notationsform können hinzutreten die Namen bestimmter Töne oder Formeln, die graphisch dargestellt werden; Hinweise auf bestimmte Gebete sowie magisch-kultische Silben oder einfach Erläuterungen, die sich auf die Ausführung selber beziehen.

Die folgenden graphischen Zeichen, die die Vokalnotation begleiten, finden im Kloster von Gyütö Verwendung und beziehen sich nur auf die *Rölmo*-Becken:

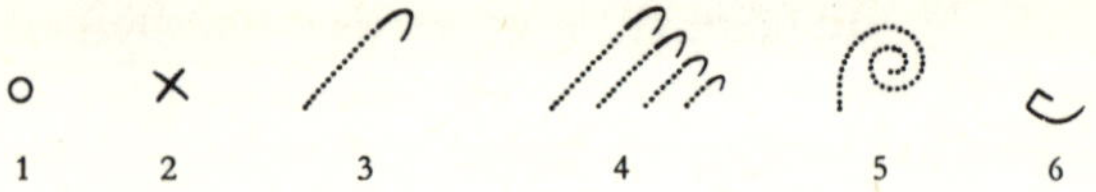

1. Bezeichnet einen einzigen Beckenschlag. Je nach der Stellung dieses Zeichens oberhalb oder unterhalb der Textsilben muß das Instrument laut oder leise gespielt werden. Ist das Zeichen mit schwarzer Tinte geschrieben, spielt der Leiter des Rituals allein; ist es mit roter Farbe geschrieben, gilt es für alle Mönche, die die *Rölmo*-Becken spielen.

2. Bezeichnet ein kurzes und verhältnismäßig rasches Accelerando bei gleichzeitigem Decrescendo, das in der Weise ausgeführt wird, daß die Mitte des linken Beckens mit dem senkrecht gehaltenen rechten Becken geschlagen wird. Die Farben Schwarz und Rot, in denen dieses Zeichen geschrieben sein kann, haben die gleiche Bedeutung wie beim vorhergehenden Zeichen.

3. Der punktierte Teil bezeichnet ein beschleunigtes Spiel, während das Häkchen ein kurzes, noch schnelleres Accelerando bei gleichzeitigem Decrescendo verlangt, das mit dem linken Rand der Becken gespielt wird. Was den Unterschied zwischen den Farben Schwarz und Rot betrifft, hat er die gleiche Bedeutung wie bei den vorhergehenden Zeichen.

4. Jedes dieser Zeichen wird wie das vorhergehende interpretiert, doch entspricht jedem ein Spiel mit zunehmend dichterer Schlagfolge.

5. Bezeichnet ein beschleunigtes Spiel mit deutlich abnehmender Lautstärke, das einzig und allein vom Leiter der Zeremonie ausgeführt wird. Unmittelbar nach Ausführung dieser Formel läßt er das rechte Becken über dem linken kreisen, ohne letzteres zu berühren und indem er es umdreht. Offensichtlich ist in diesem Zeichen die Geste des Kreisens graphisch dargestellt.

6. Folgt gewöhnlich auf das vorhergehende Zeichen und bezeichnet einen schwachen Schlag mit dem linken Rand des umgekehrt gehaltenen rechten Beckens gegen den rechten Rand des linken Beckens. Erscheint dieses Zeichen in Schwarz, gilt es nur für den Leiter des Rituals; ist es dagegen mit roter Tinte geschrieben, verlangt es die Teilnahme der anderen Mönche.

Die folgenden Zeichen finden sich in einigen vom Zeremonienmeister oder vom Leiter der Musik verwendeten Gebetsbüchern, wo sie zwischen die Sätze des Textes geschrieben sind. Die beiden ersten Zeichen stammen aus dem Kloster des *Ñingmapa*-Ordens in Tengboche, die beiden folgenden aus dem Kloster des *Sakyapa*-Ordens in Bodhanāth, die restlichen aus den Klöstern des *Kagyüpa*-Ordens in Bodhanāth und Swayambhunāth.

1 2 3 4 5 6

1. Bezeichnet einen leisen Schlag der Trommel (*Nga*).

2. Bezeichnet einen lauten Schlag der gleichen Trommel.

3. Dieses oberhalb des Textes geschriebene Zeichen bezeichnet einen lauten Schlag der *Rölmo*-Becken.

4. Dieses unterhalb des Textes geschriebene Zeichen bezeichnet einen leisen Schlag der gleichen Becken.

5. Bezeichnet einen Trommelschlag (*Nga*) (? = 1).

6. Bezeichnet einen Beckenschlag, der zwischen zwei aufeinanderfolgenden Gebeten bzw. Gebetsabschnitten ausgeführt wird.

1 2 3 4 5

1. Bezeichnet, im allgemeinen in roter Farbe, den Einsatz der *Rölmo*-Becken.

2. Bezeichnet den Einsatz der *Silñen*-Becken.

3. Bezeichnet die Formel *Sum Dung* ("drei Schläge") der *Rölmo*-Becken (das Zeichen unter dem Viereck ist die Ziffer 3).

4. Bezeichnet die Formel *Shak Röl* der *Rölmo*-Becken.

5. Bezeichnet die gleiche, doch von den *Silñnen*-Becken ausgeführte Formel.

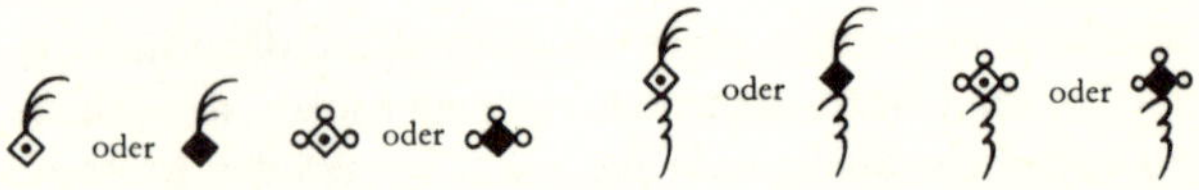

1 2 3 4

1. Bezeichnet den Einsatz der Kurztrompeten.

2. Bezeichnet den Einsatz der Oboen.

3. Bezeichnet den Einsatz der Kurztrompeten mit der Becken-Formel *Sum Dung*.

4. Bezeichnet den Einsatz der Oboen mit der Becken-Formel *Sum Dung*.

Bisweilen ist in den zum Gebrauch des Zeremonienmeisters bestimmten Gebetsbüchern der Einsatz der Kurztrompeten oder Muschelhörner nur durch eine Zeichnung des entsprechenden Instruments angegeben.

Manchmal wird zum gleichen Zweck lediglich der Name einiger Instrumente erwähnt. Derartige Gebetsbücher werden in den Klöstern mit strengerer Disziplin nie während der Zeremonien verwendet.

Die von einem Text unabhängige instrumentale Notation betrifft einzig und allein das Repertoire der Muschelhörner, der Kurztrompeten und der Langtrompeten. Früher gab es vielleicht auch eine Notation für die Oboen, für die aber keinerlei Beispiele bekannt sind[41]. Diese Notationen können sich auf getrennten Blättern befinden, von denen jedes ein bestimmtes Stück enthält, oder auch in kleinen Büchern aufgezeichnet sein, die nur das instrumentale Repertoire enthalten. Diese Notationen dokumentieren eine bestimmte Klostertradition und dienen vor allem als Gedächtnisstütze; sie werden nie während der Rituale verwendet.

Die Abbildungen 2–5 stellen für die Langtrompeten bestimmte Notationen dar, die aus den Klöstern des *Kagyüpa*-Ordens in Bodhanāth und Swayambhunāth, des *Gelugpa*-Ordens in Ganden Chöpel Ling und in Namgye Tratshang bzw. des *Sakyapa*-Ordens in Bodhanāth stammen. Abbildung 2 gibt die erste Seite der Notation für ein in rituellem Kontext ausgeführtes Stück wieder, während die drei anderen Abbildungen vollständige Notationen für Stücke darstellen, die außerhalb des Gebetssaales gespielt werden. Die Abbildungen 6 und 7 veranschaulichen Notationen für die Kurztrompeten bzw. für die Muschelhörner; sie stammen aus den *Kagyüpa*-Klöstern in Bodhanāth und Swayambhunāth. Die Musik, auf die sich diese Notationen beziehen, wird, was die Kurztrompeten betrifft, bei exorzistischen Riten im

41. Vgl. P. Crossley-Holland, "rGya-Gling Hymns . . .", S. 81.

Rahmen von Zeremonien für die Schutzgottheiten der Religion ausgeführt und, was die Muschelhörner betrifft, um die Mönche in den Gebetssaal zu rufen.

Wir wollen uns jetzt eingehender mit den Manuskripten beschäftigen. Sie werden von oben nach unten und von links nach rechts gelesen. Die auf den Manuskripten eingetragenen Angaben werden in freier Übersetzung wiedergegeben und sind in Anführungszeichen gesetzt.

Abbildung 2: Erste Zeile: "Erster Teil der *Gutor*-Zeremonie, bei der sechs *Dor* und vier *Gyang* vorkommen." Zweite Zeile: "Die vier *Gyang* müssen gespielt werden." Dritte Zeile: "Lang und leise." Zeichen für *Dor*. Darüber Zeichen für *Kha Dor*. Zeichen für *Wor*. Zeichen für *Gyang*. Silbe *"Gyang"*. Satz "Wie gewöhnlich sehr lang, dann" ("Wie gewöhnlich sehr lang" bezieht sich auf *Gyang*, "dann" auf das folgende Zeichen). Zeichen für *Wor*. Zeichen für *Gyang*. Silbe *"Gyang"*. Zeichen für *Dor*. Satz "Wie zuvor, dann ganz leise aufhören" ("Wie zuvor" bezieht sich auf den mittleren Satz der Seite, der Rest auf das letzte *Gyang*).

Abbildung 3: In diesem Manuskript gehören die Silben über den Zeichen nicht zur musikalischen Terminologie. Ausgenommen davon ist die Silbe *Dor*. Beispielsweise gehört der immer wiederkehrende Begriff *Dargye* zum Titel des Stückes.

Satz "Zeichnung für die Langtrompeten für *'Trashi Dargye'*" (Name des Stückes). Silbe *"Dor"*. Zeichen für *Dor*. Silbe *"Dor"*. Zeichen für *Dor*. Silbe *"Dar"* und darunter *"Hang"*. Zeichen für *Shung*. Silbe *"Dar"*. Zeichen für *Dor*. Silbe *"Gye"*. Zeichen für *Haa*. Silbe *"Dar"*. Zeichen für *Dor*. Silbe *"Gye"*. Zeichen für *Haa*. Silbe *"Dar"*. Zeichen für *Dor*. Silbe *"Gye"* und darunter

"Hang". Zeichen für *Shung*. Silbe *"Dar"* und darunter *"Hang"*. Zeichen für *Ti*. Silbe *"Dar"*. Zeichen für *Dor*. Silbe *"Gye"*. Zeichen für *Haa*. Silbe *"Dar"*. Zeichen für *Dor*. Silbe *"Gye"*. Zeichen für *Haa*. Silbe *"Dar"*. Zeichen für *Dor*. Silbe *"Gye"* und darunter *"Hang"*. Zeichen für *Shung*. (Ende der ersten Zeile; von hier an erscheint uns die weitere Analyse entbehrlich, da die Technik des Lesens klar geworden sein dürfte.)

Abbildung 4: Satz *"Chenden Thenma"* (Titel des Stückes). Zeichen für *Dor*. Silbe *"Dor"*. Zeichen für *Tsak*. Silbe *"Tsak"*. Zeichen für *Gyang*. Satz *"Drei Gyang"*. Zeichen für *Ñi Ti*. Satz *"Ñi Ti"*. Zeichen für *Ñi Tsak*. Satz *"Ñi Tsak"*. Darunter Satz *"Then Cha"* (der sich auf das folgende Zeichen bezieht; in diesem Fall wird *Hang* zweimal ausgeführt, denn *Cha* bedeutet "Paar"). Zeichen für *Hang*. Zeichen für *Ti*. Satz *"Chig Ti"* (= 1 Ti), mit punktierter Linie, die den Satz mit dem entsprechenden Zeichen verbindet. Zeichen für *Gyang Ti*. Zeichen für *Hang*. Unter diesen beiden Zeichen Satz *"Then Cha"* (*Hang* wird viermal ausgeführt). Zeichen für *Ñi Ti*. Satz *"Ñi Ti"*. Zeichen für *Ñi Tsak*. Satz *"Ñi Tsak"*. Zeichen für *Hang*. Zeichen für *Hang*. Unter diesen beiden Zeichen Satz *"Then Cha"*. Zeichen für *Gyang Tsak*. Satz *"Gyang Tsak"*. Zeichen für *Tsak*. Silbe *"Cha"*. Zeichen für *Tsak*. Zeichen für *Gyang*. Silbe *"Gyang"*. Zeichen für *Dor*. Silbe *"Dor"*.

Abbildung 5: Diese Notation wurde beispielsweise auf eine Heftseite geschrieben. Verschiedenen Tönen sind die entsprechenden Begriffe beigegeben, die von einem Mönch in lateinischer Schrift – wenn auch mit einigen Fehlern – hinzugesetzt wurden.

Abbildung 6: Alle im Original in Rot geschriebenen Silben gehören in den magisch-religiösen Bereich und beziehen sich nicht auf die eigentliche musikalische Ausführung.

Zeichen für den ersten Ton. Zeichen für den zweiten Ton mit einem Sforzato. Zeichen für den dritten Ton mit einem Sforzato, das in einem kurzen Crescendo molto-sforzatissimo endet. Zeichen für den vierten Ton, das drei Sforzati enthält. Die drei folgenden Zeichen sind mit dem ersten, dritten und vierten der vorhergehenden Gruppe identisch und werden musikalisch auf die gleiche Art und Weise interpretiert. Das erste Zeichen der dritten Gruppe ist mit dem vorhergehenden Zeichen identisch. Das zweite enthält ein dreimaliges Sforzato-piano und endet mit einem kurzen Crescendo molto-sforzatissimo. Das letzte Zeichen enthält drei Sforzato-piano-Stellen, aus denen sich jedoch in der Praxis bis zu fünf oder sechs entwickeln können, die sehr rasch und decrescendeo molto ausgeführt werden, wobei einer wachsenden Dicke der Linie stets ein Crescendo entspricht. Ein größerer Abstand zwischen zwei Zeichen bedeutet eine längere Pause. Diese drei Gruppen von Zeichen stehen für die etwas abgewandelten Formeln *Zhi Bü, Süm Bü* und *Sum Bü.*

Abbildung 7 : Satz "*Jiñema*". Darunter "*Damema*", darunter "*Dubshima*" (hierbei handelt es sich um die Namen der drei Gebete, die der Spieler während der Ausführung im Innern rezitieren muß. Jedem Gebet entspricht eine der drei Wellenlinien der Notation). In der Mitte der Seite unterhalb der Wellenlinien steht der Satz "Wenn die Linie dünn ist, muß der Ton ebenfalls dünn sein". (Die Wellenform und die unterschiedliche Stärke der Linien bezeichnen tatsächlich einen Wechsel von piano-crescendo-forte und forte-decrescendo-piano. Das Ende der dritten Zeile deutet ein Crescendo molto-sforzatissimo an.) Oben rechts der Satz "Plötzlich unterbrechen". Darunter der Satz "Mit dem Wort '*Dedup*' aufhören" (das heißt, daß der Ausführende das Ende des dritten Tones mit dem angegebenen Wort des rezitierten Gebetes in Übereinstimmung bringen muß). Ganz unten steht der Satz "Die Musik, die auf dieser Zeichnung dargestellt ist, heißt '*Trashi Palbar*' ".

Der Ursprung dieser Notationsformen ist dunkel, doch bekanntlich trugen die Nestorianer erheblich dazu bei, Notationsweisen der Ostkirche in ganz Mittelasien zu verbreiten, was in dieser Hinsicht von Bedeutung sein könnte[42]. So hätte das System der tibetischen Vokalnotation von derartigen kulturellen Kontakten seinen Ausgang nehmen und sich auf selbständige Weise weiterentwickeln können. Was die instrumentale Notation anlangt, weisen bestimmte Zeichen, vor allem die für die Töne *Gyang* und *Wor* aus den Klöstern des *Kagyüpa*-Ordens sowie das Zeichen für *Gyang* aus dem Kloster des *Sakyapa*-Ordens, starke Ähnlichkeit mit Elementen der Vokalnotation auf[43], so daß sich die Instrumentalnotation als eine Parallelentwicklung zur Vokalnotation denken läßt oder zumindest von letzterer beeinflußt wurde. In der relativen Abgeschiedenheit und Autonomie der verschiedenen Klöster hätten sich diese instrumentalen Notationsformen dann in einer gewissen Unabhängigkeit voneinander entwickeln können, woraus sich

42. Vgl. E. Wellesz, Hrsg., *New History of Music*, II, Early Medieval Music up to 1300, London, New York, Toronto: Oxford University Press, 1954, S. 11. Zur Möglichkeit kultureller Kontakte zwischen Tibetern und Nestorianern vgl. auch D. Snellgrove - H. Richardson, *op. cit.*, S. 110.
43. Vgl. W. Graf, op. cit., S. 144–147.

die mitunter verblüffenden Unterschiede in den graphischen Darstellungsverfahren erklären ließen. In diesem Fall hätte die Entwicklung der instrumentalen Notation vom 12. Jahrhundert an einsetzen können, einer Zeit, in der die Vokalnotation erstmals aufgetaucht sein dürfte[44].

Derartige Vermutungen bedürfen jedoch noch der Bestätigung durch weitere Forschungsarbeiten. In diesem Sinne verlaufen die durch die Existenz dieser Notation aufgeworfenen Probleme parallel zu denen, die den Ursprung anderer Aspekte der tibetischen Musikkultur betreffen, über die wir in der vorliegenden Arbeit eine gedrängte Übersicht zu geben versucht haben. Eine der Hauptschwierigkeiten, die unserer Kenntnis von der Entwicklung der Musizierpraxis innerhalb des tibetischen Buddhismus entgegensteht, ist die Tatsache, daß diese Religion in Tibet nicht auf homogene Weise verbreitet ist. Verschiedene Schulen des Buddhismus, vor allem indische, aber auch chinesische, faßten im Lande Fuß, und die relative Autonomie der Klöster, die sich nicht erst spät entwickelt haben muß, sowie deren angesichts der Verhältnisse im Lande behauptete partielle Sonderstellung gestatten uns nicht, auf Grund der bisher vorliegenden Erkenntnisse historisch gültige und annehmbare Vergleiche zwischen den diversen Musizierpraktiken der verschiedenen Klostertraditionen zu ziehen. Die Geschichte der Musik des tibetischen Buddhismus bleibt noch zu schreiben.

44. Vgl. P. Crossley-Holland, "Tibetan Music", in E. Blom, Hrsg., *op. cit.*

Diskographie (Auswahl)

Tibet I–III, A musical Anthology of the Orient (Unesco Collection), Bärenreiter Musicaphon, BM 30 L 2009-11.

Tibetan Ritual Music, Lyrichord LLST 7181.

Tibet, An Anthology of the World's Music, Anthology AST-4005.

Tibetan Ritual, Unesco Collection "Musical Sources", Philips 6586007.

Le Message des Tibétains, Bam LD 5731.

Tibetan Buddhism, Tantras of Gyütö: Mahakala. Nonesuch H-72055.

Musique rituelle tibétaine, Ocora OCR 49.

Musique sacrée tibétaine, Ocora OCR 71.

Le Tibet, Rituel bouddhique, CBS 65174.

Padmasambava Chopa, A Tibetan Buddhist Rite from Nepal, Lyrichord LLST 7270.

Verzeichnis der Namen

An erster Stelle steht die vereinfachte Transliteration der tibetischen Wörter, so wie sie im vorliegenden Buch übernommen wurde, an zweiter Stelle die genauere Transliteration nach dem von D. L. Snellgrove in *Buddhist Himalaya* (New York, Philosophical Library, 1957, S. 300) vorgeschlagenen System, wobei jedoch auf Anregung des Geshe Lharampa Janpel Sanghie die folgenden Änderungen vorgenommen wurden: Der im vorliegenden Buch durch *nga* transliterierte tibetische Buchstabe wird nachstehend durch ṅa sowie *nya* durch *ña* wiedergegeben; ferner wird der erste Buchstabe jeder Silbe groß geschrieben.

Ache Lhamo = A-lChe Lha-Mo
Atsara = A-Tsa-Ra
Bardo Thödol = Bar-Do Thos-Grol
Bep = 'Beb
Böl = 'Bol
Bu Phak = sBu-Phag
Butön = Bu-sTon
Chab Dung = Chab-rDuṅ
Chagya = Pya-Gya
Cham = 'Cham

Cham Pön = 'Cham dPon
Chenden Thenma = sPyan-'Dren bThan-Ma
Chen Dor = Chen-'Dor
Chi Dung = gChig rDun
Chig Ti = gChig Ti
Chong = Coṅ
Chö (Ritual) = gGod
Chökyi Wangchug = Chos-sKyi Waṅ-Chug
Chökyong = Chos-sKyoṅ
Chölogpa = Chos-Klog-Pa
Chö Nga = Chos-rṄa
Chöröl = mChod-Rol
Damema = Zla-Med-Ma
Dardep = Dar-rDeb
Dasang Rinpoche = Zla-bZaṅ Rin-Po-Che
Dedup = bDe-Grub
Derge = sDe-dGe
Ding Phap = rDiṅ-Phab
Dondup Namgye = Don-Grub rNam-rGyal
Dor = 'Dor
Dorje = dDo-rJe
Dorje Jigje = rDo-rJe 'Jigs-Byed
Drepung = 'Bras-sPuṅs
Drin = Drin
Dubapma = Dhus-Babs-Ma oder bDud-dBad-Ma
Dubshima = bDub-bShi-Ma
Dung Chen = Duṅ-Chen
Dung Kar = Duṅ-dKar
Dung Mar = Duṅ-dMar
Dur = 'Dur
Durthrö Dagpo = Dur-Khrod bDag-Po
Dzo Ke = rDzogs-sKad
Ganden = dGa'-lDan

Ganden Chöpel Ling = dGa'-lDan Chos-'Pel Gliṅ
Gelugpa = dGe-Lugs-Pa
Gesar = Ge-Sar
Geshe = Dge-Bshes
Gonpo Chenden = mGon-Po sPyan-'Dren
Gu = dGu
Gu Dung = sGu rDuṅ
Gu Jok = dGu 'Jog
Gur = mGur
Gutor = bGu-gTor
Gya Ling = rGya-Gliṅ
Gyang = rGyaṅ
Gyang Che = rGyaṅ-bCad
Gyang Namche = rGyaṅ gNam-bCad
Gyang Sache = rGyaṅ Sa-bCad
Gyepailing Dangpo = rGyas-Pai-Gliṅ Daṅ-Po
Gyüme = rGyud-sMad
Gyün Bö = rGyun-'Bod
Gyün Tö = rGyun-bsTod
Gyün Tö Chöröl = rGyun-bsTod mChod-Rol
Gyütö = rGyud-sDod
Ha = Ha
Haa = Ha'
Ha-Ha = Ha-Ha
Hang = Haṅ
Jarok Dongchen = Bya-Rog gDoṅ-Can
Jetsun Chöling = rJe-bTsun Chos-Gliṅ
Jiñema = Ji-sÑed-Ma
Kagyüpa = bKa'-brGyud-Pa
Kagyür = bKa'-'Gyur
Kang Ling = rKaṅ-Gliṅ
Kangso = sKaṅ-gSo
Kar Ling = Kar-Gliṅ

Karma = Kar-Ma
Kesang Gyaltshen = sKal-bZaṅ rGyal-mTshan
Kha Dor = Kha-'Dor
Khadzogpa Chenpo = bKa'-rDzogs-Pa Chen-Po
Kham = Khams
Khan Dön = Kha-'Don
Khar Nga = 'Khar-rṄa
Khetsun Dubpa Wangpo = mKas-bTsun Grub-Pai dBaṅ-Po
Kusung Thuksum Tö = rKu-gSuṅ Thugs-gSum bsTod
Kyerimpa = bsKed-Rim-Pa
Lag Nga = Lag-rṄa
Lama = Bla-Ma
Lama Chöpa = Bla-Ma mChod-Pa
Len Re = Len-Res
Ling Bu = Gliṅ-Bu
Mani Dunkhor = Ma-Ni Duṅ-Khor
Marpa = Mar-Pa
Milarepa = Mi-La Ras-Pa
Namche = gNam-bCad
Namgye Tratshang = rNam-rGyal Grwa-Tshaṅ
Namse = rNam-Sras
Nam Sil = gNam-Sil
Nam Thar = rNam-Thar
Nang Phü = Naṅ-Phud
Nechung = gNas-Chuṅ
Nga = rṄa
Nga Chen = rṄa Chen
Nga Chung = rṄa Chuṅ
Ngak = sṄags
Ngorpa = Ṅor-Pa
Ngül Ling = dṄul-Gliṅ
Ñingmapa = rÑiṅ-Ma-Pa
Ñi Ti = gÑis Ti

Ñi Tsak = gÑis bTsag
Norbu Gakhyil = No-Bu dGa'-'Khyil
Pelgye Ling = 'Pel-rGyas Gliṅ
Pepung = dPal-sPuṅs
Phurbu Tshering = Phur-Bu Tshe-Riṅ
Pipi = Pi-Pi
Rag Dung = Rag-Duṅ
Rang Ke = Raṅ-sKad
Rinchen Palden = Rin-Chen dPal-lDan
Rinpoche = Rin-Po-Che
Rölmo = Rol-Mo
Rölpön = Rol-dPon
Sache = Sa-bCad
Sakyapa = Sa-sKya-Pa
Sengi Dongchan = Seṅ-Gei gDoṅ-Can
Sera = Se-Ra
Serkong (Rinpoche) = gSer-sKoṅ
Ser Ling = gSer-Gliṅ
Shak Röl = Shag-Rol
Shawa = Sha-Ba
Shedup Chökor Dargye Ling = bShad-sGrub Chos-'Khor Dar-rGyas Gliṅ
Sherap = Shes-Rab
Shung = sShuṅ
Sil = Sil
Silñen = Sil-sÑan
Sil Sil = Sil-Sil
Sölka = gSol-Kha
Sönam = bSod-Nams
Sum Bep = gSum-'Bebs
Sum Bö = gSum-'Bod
Sum Bü = gSum-'Bud
Sum Dung = gSum-rDuṅ

Sum Jok = gSum-'Jog
Ta = rTa
Tenkyongma = bsTan-sKyoṅ-Ma
Terma = gTer-Ma
Thak Thak = Thak-Thak
Thang Nga = Thaṅ-rṄa
Thang Thang = Thaṅ-Thaṅ
Thap = Thabs
The Ling = Phred-Gliṅ
Then Cha = bThan Cha
The Jor = 'Then-sByor
Theng Kang = Theṅ-rKaṅ
Thentong Gyalpo = Thaṅ-Toṅ rGyal-Po
Thö Dam = Thod-Dam
Thoksar = Thog-gSar
Thrang Thrang Chig Gyap = Khraṅ-Khraṅ gChig-rGyab
Thrang Thrang Nang Dung = Khraṅ-Khraṅ Naṅ-rDuṅ
Thutop (Rinpoche) = mThu-sTobs
Ti = Ti
Ti Gye = Ti rGyas
Til = Til
Ting Phap = Tiṅ-Phab
Ting Sha = Tiṅ-Shag
Ting Ting = Tiṅ-Tiṅ
Tir = Tir
Töl Wa = 'Khrol-Ba
Tragpo = Drag-Po
Trashi = bKra-Shis
Trashi Dargye = bKra-Shis Dar-rGyas
Trashi Palbar = bKra-Shis dPal-'Bar
Treu = sPreu
Tribu = Dril-Bu
Tsak = bTsag

Tsak Dung = bTsag-rDuṅ
Tsak Thak = bTsag-Thak
Tshulthrim Zangpo = Tshul-Khrims bZaṅ-Po
Tsongkhapa = Tsoṅ-Kha-Pa
Tushima = bDub-Shis-Ma
Twang = Twaṅ
Umze = dBu-Mdsad
Wob = Wob
Wor = Wor
Wor Phap = Wor-Phab
Yang = dByaṅs
Yang Ñing = dByaṅs rÑiṅ
Yang Sar = dByaṅs gSar
Yangtsa Gyüma = dByaṅs-rTsa brGyud-Ma
Zang Dung = Zaṅs-Duṅ
Zang Ling = Zaṅs-Gliṅ
Zo Ngur Ma = mDzo-Ṅur-Ma
Zhanak = Zhwa-Nag
Zhi Bep = bZhi-'Bebs
Zhi Bö = bZhi-'Bod
Zhi Bü = bZhi-'Bud
Zhiwa = Zhi-Ba
Zur Then = Zur-'Then